姚秋艳高中语文名师工作室

语文叙事

主编：姚秋艳　张春岭

编委：付润华　卢锡泽　孙美英

王立鋆　郑凤华　王俊平

燕山大学出版社

·秦皇岛·

图书在版编目（CIP）数据

语文叙事 / 姚秋艳，张春岭主编．—秦皇岛：燕山大学出版社，2019.11（2026.1 重印）

ISBN 978-7-81142-748-6

Ⅰ．①语… Ⅱ．①姚… ②张… Ⅲ．①中学语文课－教学研究－高中－文集

Ⅳ．①G633.302-53

中国版本图书馆 CIP 数据核字（2020）第 092351 号

语文叙事

姚秋艳 张春岭 主编

出 版 人：陈 玉

责任编辑：李 冉

封面设计：于文华

出版发行：燕山大学出版社 YANSHAN UNIVERSITY PRESS

地 址：河北省秦皇岛市河北大街西段 438 号

邮政编码：066004

电 话：0335-8387555

印 刷：廊坊市印艺阁数字科技有限公司

经 销：全国新华书店

开 本：700mm×1000mm 1/16　　印 张：14.75　　字 数：223 千字

版 次：2019 年 11 月第 1 版　　印 次：2026 年 1 月第 3 次印刷

书 号：ISBN 978-7-81142-748-6

定 价：58.00 元

序言

让关于语文的故事叙下去

河北省高中语文名师工作室主持人　姚秋艳

我教高中语文三十多年，在即将退休的时候，依然觉得语文课堂上风景如画。这风景可以是一帧定格的画面，也可以是一部波澜起伏的大戏，还可以是一壁精雕细刻的主题浮雕。

常见从课堂走下的语文老师，来不及洗去手上的粉笔末儿，来不及喝上一口水，便迫不及待地述说着他课上的预设和生成是多么的契合，分享着课堂上灵机一动的意外收获。我分明感受到，他们在课堂上收获的喜悦置换了连上两节课后的疲劳，这也让教语文拥有了一份值得回味的快乐。

我也常认真地聆听这些老师的分享，体味着属于他们的课堂喜悦，也在自己的课堂上借鉴其中的一些桥段，拿来即用，课堂效果很好。这些形象的课堂叙事，没有教学理论的艰涩和高深，有的是带着课堂温度的鲜活和生动。他们用如此具象可感的过程，滋润着一颗颗年轻的心灵，涵养着一份大美的人文情怀。

于是，我有了一个想法，用语文老师最擅长的叙述，记录下这些鲜活的语文课堂收获，让喜悦凝固成一段段铅字，岂不更好？我号召河北省姚秋艳名师工作室的八位老师，去叙写自己的课堂亮点，于是就有了创作这本书的想法。

工作室的八位老师不仅自己写了，还辐射带动了我们身边的人也拿起了笔，加入了写作的队伍。这样，既扩大了工作室的影响，也丰富了书稿的内容。

读完了这本书稿，感受到了一节节鲜活而灵动的课堂。张春岭老师情人节上的那节语文课，将学生从西方的洋节里引到了中国优秀的传统文化中来。王立鋆老师将语文周记写作和班级管理融合起来，春秋笔法，微言大义。孙美英老师则让《雨巷》开出了一支别样的丁香，叙述的过程也像一首婉约的诗歌，诗味很浓。而我觉得《再别康桥》，也是世间最美丽的一次离别……十几万字的稿件，一口气读完，感到每一篇叙事，都是老师们用真情演绎的精彩，此时此刻，我心里充满了秋天的感觉。

河北省姚秋艳工作室责成工作室成员张春岭老师主持编写这些稿件，他将这一篇篇语文叙事分成了三个部分：第一部分叫“细微之处”，主要收录老师们在课堂上生成的一个个精彩的语文教学片段，这片段可以是一次精彩的导课，可以是师生间的一次精彩设疑与答辩，还可以是教师突破教案、学案后的一次成功的自由发挥……第二部分是“课堂之上”，是老师们用记叙的表达方式，全景式地展示一节完整的课堂，有备课过程的铺陈，有上课环节的展示，有课后作业的设置，具有极强的操作性和借鉴价值。第三部分是“研究与收获”，是用记叙的方式展示一节课及其教学反思，是一次具体而微的教研活动，是一次宏大的教学研讨过程。

或许有人会质疑本书教育理论的缺失，但这恰是本书的一个特色定位，基于基础教育的特点，基于一线语文教师的丰富的课堂实践经验，我们才选择这样的一个叙事的角度，并将书名定为——《语文叙事》，目的是让关于语文的叙事永远地叙写下去！

2018 年 12 月 27 日

目录 CONTENTS

◎ 细微之处

◎ 课堂之上

◎ 研究与收获

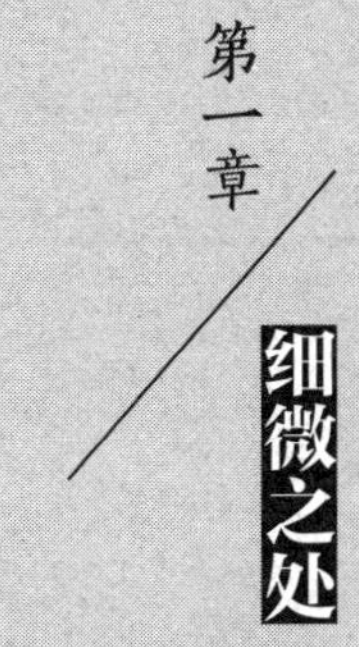

第一章 细微之处

情人节上的一节语文课

秦皇岛市新世纪高级中学　张春岭

情人节到了，高三学生的心有点不稳，整个班级涌动着一丝粉色的暗流。初涉爱河者，可能正谋划着情人节该如何表达自己青涩的情感；没有萌动爱意的，也可能艳羡着其他同学的“不法”行为。那么，2 月 14 日的第一节语文课该怎样上？怎样上才能将学生的心思调动到学习上来呢？怎样利用情人节这个机会对学生进行一次人生观、爱情观教育呢？

上课的提示音乐响起，我走向课堂，问：“今天是什么节日呀？”学生没有想到我会问起这样的一个问题，惊讶的眼神里带着好奇和不解，有人还偷偷地坏笑。于是怯怯地回答：“情人节。”我说：“情人节的来历你们知道吗？”学生说不知道。我说：“公元 270 年 2 月 14 日，罗马圣教徒瓦伦丁被处死。当时瓦伦丁为反抗暴政被捕入狱，并与典狱长的女儿倾心相恋，直到被处死。后来，基督教徒为了纪念瓦伦丁为正义、为纯洁的爱而牺牲自己的行为，将临刑的这一天定为‘圣瓦伦丁节’，后人将其改成‘情人节’。同学们，和我们的七夕节一样，西方的情人节是对反对暴政和追求纯洁爱情者的纪念。你们可以在你们的微博或者日记里记下这样的文字：情人节是反抗强权的一天，是追求纯洁爱情的节日，让我们在 2 月 14 日写下对不屈者的赞美，唱出对坚贞爱情的赞歌吧！”这时班级响起了掌声。学生中有的恍然大悟，有的诚恳点头。我接着说，只是现在有的人将情人节庸俗化了，甚至低俗化了。其实你们也可以过情人节嘛，只是你们过节的方式应是对这个伟大节日的纪念，是对不屈精神和坚贞爱情的赞美，而不应是在中学阶段就堕入爱河。作为学生，在情人节里，为自己青涩的情感送上一朵玫瑰的行为，显得既幼稚又浅薄。此时教室里静悄悄的……

我说:“同学们,你们知道中国古代的情人节吗？”学生大声说:“七夕节。”我说:“不是，是元宵节。在古代，妇女是不准随意出门的，只有元宵节这一天，妇女才可以出去观灯，才有机会和自己的心上人约会，就是皇宫里的妃嫔宫女们，也可以在这一天出来游玩。辛弃疾的《青玉案 · 元夕》词可以为证：‘东风夜放花千树，更吹落星如雨……众里寻他千百度，蓦然回首，那人却在灯火阑珊处。’”学生不自觉地跟着我大声地背诵起来。我接着说：“这就证明了元宵节是中国古代的情人节。如此看来，情人节，我们的民族也有啊。”

接着，我又对学生说：“我看了这样的一条新闻：昨天下午，有一对老年夫妇，在情人节前夕，为了纪念他们的金婚，来到了西湖的断桥边，那位老爷爷为了表达结婚 50 年对老伴的爱，手捧 50 朵玫瑰，喊出了‘老伴我爱你！’的爱情誓言。老奶奶用了一个甜蜜的吻来回应老爷爷。正所谓：世界上最浪漫的事，就是和你一起慢慢变老。”学生被感动了，发出赞许的感叹。我说：“这是多么浪漫的情人节，西湖断桥边，一个演绎着白蛇传说的地方，又在金婚纪念日，那红红的 50 朵玫瑰，那一声爱的呐喊，让我们想起了《诗经》中的哪句诗？”学生一起喊：“执子之手，与子偕老！”

同学们，情人节是一个追求正义和纯洁爱情的节日，让我们从文化的角度去了解、去解读、去庆祝。在情人节这个节点上，东西方文化取得了共鸣，因为反抗强权是人类共同的目标，忠诚和坚守更是爱情的要义。让我们用专心的复习度过高三的最后一个学期，为了正义，更为了我们将来纯洁而坚贞的爱情！

下面我们开始今天的复习课……

今天，我们是朗读者

秦皇岛市昌黎汇文二中　赵东娴

边城小镇，柔美的湘西如一张洁白的纸，纤尘不染。而这种美，在课本有限的节选部分的阅读后，总让人觉得意犹未尽。傩送、天保之间的同胞兄弟之情，翠翠的矜持与腼腆、天真而羞涩的少女情怀，爷爷欲说还休的牵挂之心，拥有美好心性的茶峒人质朴浓郁的人间真情，在字里行间缭绕，久久挥之不去……

教学伊始，我首先让学生沉浸到文字之中，去品味语言蕴含的情感，进而走进人物的内心世界。学生读完之后，我问他们阅读的感受，结果一个学生问我："老师，翠翠后面的结局是什么样的？"紧接着又有一个学生问："老师，课后题里面为什么说翠翠的爱情是以悲剧结束呢？"

我刚想回答，猛然间想，直接告诉他们答案是最好的选择吗？我说："小说的结尾有这样一句话：这个人，也许永远不回来了，也许明天回来。"预料中的情景发生了，这个人是谁？他去了哪里？他为什么不回来呢？面对一连串的追问，面对他们那渴盼的眼神，有个声音坚定地从心底响起，何不满足大家的阅读欲望，把整部《边城》带给他们呢？叶圣陶先生曾说："文字是一道桥梁，这边的桥墩站着读者，那边的桥墩站着作者。通过了这一道桥梁，读者才会和作者会面。"那么，我就做个搭桥人吧！

图书馆的藏书有限，人手一本是不现实的。刚好这两天自己重读了《边城》，何不做一次朗读者，用自己的声音和情感来传递文字之美呢？

于是，我对同学们说："大家一直特别喜欢董卿主持的《朗读者》，每一期的朗读者都用自己的声音传递给了我们不一样的情感体验。今天，老师也做一次朗读者，让我带你一起走进沈从文先生的边城小镇，去感受那不食人间烟火的湘西之美吧。”我的话音刚落，同学们掌声一片，既有对这种朗读教学的新奇，又有对小说人物命运发展的渴望。

“由四川过湖南去，靠东有一条官路。这官路将近湘西边境到了一个地方名为‘茶峒’的小山城时，有一小溪，溪边有座白色小塔，塔下住了一户单独的人家。这人家只一个老人，一个女孩子，一只黄狗。”教室里钟表的滴答声伴着我的朗读声，慢慢进入了这个浪漫而诗意的地方——茶峒。

“在一种近于奇迹中，这遗孤居然已长大成人，一转眼间便十三岁了。为了住处两山多篁竹，翠色逼人而来，老船夫随便为这可怜的孤雏拾取了一个近身的名字，叫作‘翠翠’。”我们知道了翠翠的身世之悲。

“翠翠在风日里长养着，把皮肤变得黑黑的，触目为青山绿水，一对眸子清明如水晶。”“老船夫不论晴雨，必守在船头。有人过渡时，便略弯着腰，两手缘引了竹缆，把船横渡过小溪。有时疲倦了，躺在临溪大石上睡着了，人在隔岸招手喊过渡，翠翠不让祖父起身，就跳下船去，很敏捷的替祖父把路人渡过溪，一切皆溜刷在行，从不误事。”文字中人物开始生动起来，观察听的同学的表情也是一片向往。

停顿间，庞羽舒同学说：“老师，我来读接下来的一章，好吗？”于是，羽舒接着读了下去，“他为翠翠担心。他有时便躺到门外岩石上，对着星子想他的心事。他以为死是应当快到了的，正因为翠翠人已长大了，证明自己也真正老了。无论如何，得让翠翠有个着落。翠翠既是她那可怜母亲交把他的，翠翠大了，他也得把翠翠交给一个人，他的事才算完结！交给谁？必需什么样的人方不委屈她？”老船夫渐渐老去，而对孙女的这种牵挂让我们不由湿了眼眶，一股浓浓的哀愁与悲情随声音荡开，荡进了每一个听者的心里，同学们沉默了。

袁博同学也站了起来：“月光如银子，无处不可照及，山上篁竹在月光下皆成为黑色。身边草丛中虫声繁密如落雨。间或不知道从什么地方，忽然会有一只草莺‘落落落落嘘！’啭着它的喉咙，不久之间，这小鸟儿又好像明白这是半夜，不应当那么吵闹，便仍然闭着那小小眼儿安睡了。”静静的夜里，翠翠内心的沉重无处诉说，只能借月光挪移得远一些，再远一些……

“夜间果然落了大雨，夹以吓人的雷声。电光从屋脊上掠过时，接着就是訇的一个炸电。”薛文斌同学加快语速，同学们的心情也跟着紧张起来。

张文瑞接道:“翠翠吓慌得不知所措,只锐声叫她的祖父。祖父不起身,也不答应，就赶回家里去，到得祖父床边摇了祖父许久，祖父还不作声。原来这个老年人在雷雨将息时已死去了。”老船夫始终忧虑着翠翠的命运，以至于身心交瘁，在一个暴风雨的夜晚气绝身亡，浓浓的悲情中有着翠翠的亲人之悲。

“到了冬天，那个圮坍了的白塔，又重新修好了。可是那个在月下唱歌，使翠翠在睡梦里为歌声把灵魂轻轻浮起的年青人，还不曾回到茶峒来。”

……

“这个人也许永远不回来了，也许‘明天’回来！”

静静的,两节连排课的时间,在几个学生自发的配合下,我们读到了文章的结尾。偌大的边城里，翠翠孤身一人望尽天涯，等待着不知会不会回来的傩送，一股股不可名状的忧伤写在每一个同学的脸上，小小的教室里，同学们默然无语，他们似乎在和翠翠一起守望，守望一种无可预知的孤独，守望着自己的未来，守望着一丝希望……

没有点拨,没有讨论,就在声音与耳鼓的碰撞中,我们感受着阅读的充实与快乐，品味着沈从文对爱与美的独特表达，欣赏着边城处处散发出的人性之光。

一课悼双贤，放情咏《离骚》

秦皇岛市新世纪高级中学 张 芳

重回高一，又教《离骚》。每每提到《离骚》，听到最多的便是老师们呼喊“《离骚》难教”，学生们抱怨“《离骚》难学”，于是《离骚》成了大家最不喜欢的文章。因为不喜欢，也就无法欣赏《离骚》精湛的手法、雄奇的想象、雄大的气魄；因为不喜欢，甚至迁怒于屈原，学生边学边抱怨：屈原为什么要写下这等“佶屈聱牙”的文章难为后人。更有甚者提起屈原只是窃喜当年他的纵身一跃，换来了如今端午的三天假期。“但夸端午节，谁荐屈原祠。”当下的孩子能记住屈原是一个“爱国者”已属难得，却有几人能懂屈原？屈原的骨血之中，承载着风骨与良知，以及以知识与学养淬炼出的对真理、文明的永恒追求。他的自沉，既是对物欲横流功利时代的最后反抗，也是对人格独立的渴望，更是对思想自由的向往，他真正代表着我们民族的“心”。民族的“心”啊，怎能被遗忘？所以《离骚》于我，最难的并不是字面上的功夫，而是如何通过学习，让学生敬畏屈原，敬畏那颗民族的“心”。

正当我百思未解之时，一个噩耗传来惊醒了我：2017 年 12 月 14 日，台湾诗人余光中先生病逝。一时间网络上纪念者甚众，一提起余公，人们首先想到甚至唯一能够想到的就是那首《乡愁》，就是那一句“我在这头，大陆在那头”，却鲜有人去追寻诗人“乡愁”的源头，而这个源头就是屈原！余光中先生是一个有着“屈原情结”的人！屈公也好，余公也罢，我们留不住他们的人，但我们要守住他们的魂，于是我便有了“一课悼双贤，放情咏《离骚》”的想法。

12 月 15 日第六节课，一上课，我先板书了一句话：蓝墨水的上游是汨罗江。

我问学生："你们知道这句话是谁说的吗？"学生满眼疑惑，纷纷摇头。我走到学生们中间，缓缓诵起："小时候，乡愁是一枚小小的邮票，我在这头，母亲在那头。……"如先前所料，才一开头，学生们便一起应和我："长大后，乡愁是一张窄窄的船票，我在这头，新娘在那头。后来啊，乡愁是一方矮矮的坟墓，我在外头，母亲在里头。而现在，乡愁是一湾浅浅的海峡，我在这头，大陆在那头。"

"同学们，此时此刻我们再读《乡愁》，就当作是对诗人余光中先生的一曲悼歌吧。先生已于昨日仙逝而去。"此语一出，立刻就有学生发出慨叹之声，我接着说："斯人已逝，乡愁长存。我特别想知道向来不喜诗歌的你们，怎么全都能熟背这首《乡愁》呢？""因为读起来很美""因为诗人写得很生动""因为被余光中先生的亲情、爱情、祖国情打动了"，学生们各自说着自己的理由。我说："的确，《乡愁》很美，一唱三叹，唱出了诗人心中对故乡、对祖国的深深眷恋之情。少年爱《乡愁》，应溯乡愁源。而余光中先生早就用这一句'蓝墨水的上游是汨罗江'告诉给我们答案了。'汨罗江'是屈原的化身，'蓝墨水'是文化的代名词。在光中先生的眼里，屈原的作品是一切诗人的源头，是中华文化之根。余先生的'屈原情结'化成了一首首诗篇，在他近千首诗作中，只有二十多首诗是吟咏历代诗人的，但写屈原的就有八首之多：写于1951年台湾诗人节的《淡水河边吊屈原》；1973年端午节的《水仙操》；1980年端午节的《竞渡》；1989年的《漂给屈原》；1993年的《凭我一哭——岂能为屈原招魂？》；2005年先生在屈原投江的地方，写下了大气磅礴的《汨罗江神》；2010年在屈原公祭典礼上，先生朗诵了他一泻千里的长诗《秭归祭屈原》；2013年，85岁高龄的他在'诗歌的太阳——两岸屈原文化交流与诗会'上，朗诵了他的新作《颂屈原》。屈原，就这样流淌在余先生的笔端、流淌在他的诗里。"当我一一细数出这些诗篇的时候，我清楚地看到了学生脸上的惊讶与崇拜。我接着说："在余先生心中，屈原伟大的作品和情操，是我们民族的文化胎记，不可磨灭。我们要做屈原的传人，他的爱国主义精神，他那虽九死犹未悔的气节，应是所有读书人致力学习的气质。屈原，就这样流淌在余先生的心里，血脉里。"这时班级里静悄悄的，学生中有的诚恳点头，有的凝神思考。

我用多媒体播放了一张在"屈原故里端午文化节"上余光中先生诗祭屈原的照

片，我请全体同学起立，拿起课前补充资料——余光中先生的悼屈原诗《招魂》，“同学们，让我们一起替余公再祭屈原吧！”

五月五，楚大夫
转过你崔嵬的身影
等一等你身后的民族
让我们赶上你吧
令旗招展，急鼓催渡
以离骚的高亢
加招魂的怅惘
向仲夏渺茫的江湖
大江东去，楚大夫
淘不尽你的傲骨
黄河西去，楚大夫
遥应着你的悲苦
守护你的，是一切水族
追寻你的，是整个民族
魂兮归来，不可以入海
魂兮归来，不能再放逐
都是为你而下水，满江龙船
都是为你而分波，满舷长桨
都是为你而悬挂，满门菖蒲
都是为你而落肚，满杯雄黄
五月五呀楚大夫
你高瘦的背影请一回顾
众人皆昏唯独你清醒
这时代尤其要你带路

这一首诗虽不似《乡愁》那般朗朗上口，易于理解，但学生却仍读得专注，读得动情，我在他们的眼中看到了一种敬畏，这种敬畏，为屈原，也为余公。

“同学们，‘这时代尤其要屈原来带路’，言之谆谆，意味深长，这是余光中先生留给我们的叮嘱，也许《离骚》对于现在的你们，难读了一些，难懂了一些，但你愿不愿意为了那字字句句中的一腔热血，一身傲骨，为了我们民族的文化之根而放情一读呢？”

“我愿意！”

“长太息以掩涕兮，哀民生之多艰。余虽好修姱以鞿羁兮，謇朝谇而夕替。……”

……

今日之读书声，余公可听。

今日之读书声，屈公可鉴。

春风数度玉门关

保定市定兴县第三中学　王雅倩

我想许多高中语文老师在教学生涯中应该都会遇到这样一类学生：他们总成绩非常优秀，但语文分数低得惊人。他们做数理化题时忘饥忘疲，无物无我，智慧火花飞溅；语文课上却两眼无神，思维凝滞，毫无自信。他们书写"龙飞凤舞"，十分考验阅卷老师的眼力和耐心，再优秀的作文经他们抄写后也会珠沉沧海。他们对理科老师亲热异常，见到语文老师却刻意回避，溜之大吉。他们就是老师们口中的"纯理科男"。

面对这些理科中的"巨人"，语文中的"矮子"，语文老师们总是几次尝试后就败下阵来。感觉放弃有失师德良知，不放又屡屡碰壁，受不住他们冷漠的眼神，以致到最后只能听天由命。但是他们真的是无坚不摧吗？今天我来和大家分享一个成功案例。

小安是我刚接手的高二六班的一名"理科男"。他班里排前五名，年级排前一百名，可每次语文成绩不超过八十分。他的语文思维曾让我望而却步，他的语文基础差到令我一度丧失信心，他的表达能力让人"失声惊叹"。而最关键的是他对语文学习毫无热情。听课时表情木然，从不回应我的提问。身体坐得笔直，离书很远。写字时手眼离得也很远，有点儿"纵意挥毫"的劲头。

一次语文早读时间，当我在班里转过一圈儿，大家都高声诵读复习的时候，小安却伏在课桌上做物理题。我想到他平时的语文成绩和对语文的态度，顿时怒火中烧，把他喊到办公室。劈头问他三个问题："第一，现在是什么课时间？第二，语文课不重要吗？第三，你的语文成绩很棒吗？"他回答很诚实。我调整了一下自己的情绪，换作温和的语气问他：“为什么你不背语文呢？”他低下头说：“我背了也记不住，语文成绩也上不去，还不如做道物理题来得实在。而且我在初中时，语文就很差，中考前我在语文课上都是做理科题。老师从不管我。我就养成了这个习惯。”

听到他坦诚的话，我感慨良深。如果这个学生再这样下去，就可谓积重难返了。他对语文的认识有偏差，重视程度不够。他在语文学习上缺乏自信，以至愈来愈差。曾经的老师对他放手，缺乏指挥和鼓励。我决定找到合适的契机，帮助他。

天遂人愿！一次去化学办公室，听到小安的班主任正在感慨：“真是语文差了连题都读不懂。一下丢掉十分。”我灵机一动，顿时找到了让小安重视语文的钥匙。我拿着他的化学试卷找到小安，给他讲明语文作为工具学科，阅读分析能力对各科的重要性。然后帮他把化学题目要求分析了一遍。他听后若有所悟。然后我又趁机让他分析了一道语文中的小说阅读题。他读后一头雾水，没有思路。我提示他咬文嚼字抓关键词，明确任务指令。他恍然大悟，有了思路。

经过这件事情，他接受了失分的教训，对语文重视程度大大提升。“天下无难事，只怕有心人。”高度的重视是做好事情的第一步。我也在这件事情后得到了他的信任。接下来，我在学习习惯、学习方法、思维训练等方面给他适时的指导，制订了一系列方案。

我首先纠正他读书写字时的姿势和距离。拉近和阅读内容之间的距离有助于全心投入，正确的坐姿可以改善书写。指导他在咬文嚼字的基础之上狠抓理解，在理解基础上落实记忆。收效很好，他的自信心明显增强。然后让他每天做一道成语题、一道病句题，一月之后再换补足句子等其他的题型。让他充分熟悉所练题型，归纳各种题的做题方法。每周找几篇简单的阅读理解题让他练习，找几篇主题鲜明、层次清晰、内容充实、语言朴实而有力的作文给他读，培养他的思维能力和感知能力。

我有效地把握了教学时机并全情地投入，终于有了效果。几个月下来他的语文成绩达到了一百分左右。这让我想起前人诗作中对君主恩泽不至的感叹——“春风不度玉门关”。其实在我们的教学中也有许多阳光照不到、春风吹不到的地方，只要我们“春风数度玉门关”，多在弱科生身上下功夫，总会有一些意想不到的收获，会让一些茫然无措而自信心受挫的学生看到一缕阳光。

从课前演讲中发现人才

廊坊市第一中学　姜瑞霞

在必修 2 的表达交流板块有一篇关于如何演讲的文稿，我提前布置让同学们预习，并且给他们提供一节课的实战练习机会。要求脱稿，内容积极向上，形式自定，时间控制在 3 ～ 5 分钟。其余的都交给学生自己做主。

大家期待的这节课终于来了！上课后互致问候，引入正题。

我先板书“演讲”，然后 PPT 展示出演讲的相关信息：

广义的演讲：凡是以多数人为听众进行的讲话，都可以叫演讲。

狭义的演讲：特指在公众场合就某问题或某事件发表自己见解的一种口语形式。借助有声语言和态势语言，面对广大听众说明事理、发表意见、抒发感情、提出观点、阐述观点，从而达到感召听众的一种口语表达方式。

从内容分：政治演讲，学术演讲，管理演讲，交际演讲；

从形式分：命题演讲，即兴演讲，论辩演讲；

从风格分：激昂型，深沉型，严谨型，活泼型；

演讲技巧的注意事项：

开场白很重要，但是不适合太长，重点是抛出问题或激发兴趣。

站起来讲，时刻面对听众而不是屏幕，照顾到整个班级。

需要观察听众对你所讲内容的反应，激发听众的兴趣，保持他们的注意力。

语音和语调都很重要，该快则快，该重则重，该停顿处则适当停顿。

和听众的交互需要，但是不适合太多，特别是对于演讲的时候。

手势和小动作都不应该太多，而且肢体动作要注意和所讲内容的配合。

同学们在课前都做了充分的准备，这个时候已经摩拳擦掌、跃跃欲试了。

王刘帅一上台就赢来了全班同学的掌声，先是他可爱的表情，一直微笑着的眼睛，随便说点什么都能逗人乐的那张嘴。大家好像已经默认，他往讲台上一站就已经成功了一半。随后就是他那生动的《俄罗斯之旅》的演说介绍。他自述异域经历，从一个中学生的视角讲述了一个生动的俄罗斯、内容有趣的俄罗斯语言、特别的风土人情。还用汉语现场教大家俄罗斯的个别单词,比如大家喜欢的“美女”“帅哥”等，掀起了一阵“俄语风”。同学间的互动特别积极，同学们的热情好像比演讲者的热情还高。

由于时间的原因，他的演讲内容没有讲完，于是在大家的热烈要求下“联播”，于是让同学们有了一种感受，那就是“次的演讲恨不得瞬间从人间消失，好的演讲恨不得将之编排成连续剧”。

王刘帅声情并茂的《俄罗斯之旅》瞬间给同学们打开了一扇门，同学们的眼神通过这扇们远远地望向了祖国的北部边邻。掌声持续在班级回响。

下面张业鹏也给大家讲述了自己的德国三日小住的感受，让大家看到了德国人悠闲安逸的一面。不过他的风格和王刘帅不同，一开始上台，有略显紧张的羞涩，等到他讲到德国人的休息、安逸时候慢慢地也放开了心情，大家跟着他慢慢享受德国的风物人情。他们俩风格迥异的异国风情演讲让同学们睁大了眼睛，原来自己平时的生活也可以整理成一篇语文课上的演讲。

我随时插入了一句话：“同学们平时的生活就是我们的语文课，生活即语文，”还没等我说完，赵浩哲自告奋勇：“老师，我也有生活，看我的！”

赵浩哲一改风土人情的介绍，他采用了记者采访的方式，自己一个人既是记者，又是被采访的主持人，一个人演两个角色，活脱脱一场单口相声，语言表达流利，还手持话筒（矿泉水瓶子代替），模仿到位，肢体语言运用得恰到好处，把同学们拉进了茶馆里，伴着温馨的茶水，欣赏着精彩的单口相声。

我听他演讲的时候就有一种想法，我怎么不把相机带来给他录下来呢，就像上次班级演课本剧给录下来一样，有些时候，有些东西，真的，是错过就不会再来的。

错过了录像，但是我留住了记忆。这就是赵浩哲的创意带来的效果。

五分钟的时间总是过得那么快，看到同学们忘情地演讲，忘情地欣赏，实在不忍心用生硬的时间打断。那就任由可爱的同学们发挥吧，毕竟这样的机会不是总有。

王家兴已经按捺不住演讲的激情了，“老师，快点，我跟他们的生活积累不一样，我已经等不及了！”大有一种迫不及待的感觉。王家兴让我第一次听到了 EXO-M 组合的名称，也看到了同学们看帅哥时候的惊讶的表情。王家兴的演讲看来是经过了充分的准备的,还准备了课件。我突然间意识到同学们想要的是什么——激情啊！无论是领唱的帅哥还是领舞的帅哥（我还说不好他们的名字），身上都散发着常人难以企及的奔放激情，这就是年轻人的活力啊！这次的演讲时间也有点长，但我没有阻止，也没有批评。我从周有光老人对待年轻人的“火星文”的态度中也学到了一些涵养，“我是你们这种文化的文盲，但是我不反对”。有生命力的新事物会发展壮大，没有生命力的新事物自然会被社会、被时间所淘汰。我认可同学们的喜好，也欣赏他们的激情。我的视野也可以撒向这些星空，去体会同学们关注的方向，共鸣就在这样的氛围中延续。

一节课的时间总是那么短暂，不足以让喜爱表达的同学尽情地施展他们的才华。于是在这节课下课的时候，被大家要求，后边同学们的机会给放到每节课上课前三分钟，不过这次大家约定，珍惜把握好时间，不再超过五分钟！

这节课我和同学们在倾听欣赏中愉悦地度过，同学们演讲时候的声情并茂像静静的流水浸润在我们的心田。同学们也从他们自己的演讲中看到了语文课的外延，原来语文课还可以有这样的内容，原来我们的生活可以在语文课堂上成为艺术。

真的，可以这样！

我在这节课上也看到了自己的成长。教学相长源于此啊！

向学生学习，积累自己的人生。演讲发现了学生的才能，拉近了师生的距离。

发现潜伏的台词

廊坊市第一中学　康　玥

剧作家曹禺于 1933 年创作的《雷雨》是中国现代话剧中极为成功的剧作之一，它能够深深地吸引读者和观众的除了紧凑激烈的矛盾冲突、性格鲜明的人物形象，还有就是剧中人物个性化的语言里往往蕴含着丰富的潜台词。潜台词的运用，可以窥见《雷雨》人物丰富的内心世界。赏析时我是这样讲的：

“同学们，潜台词的一个最为显著的特点就是‘言有尽而意无穷’。如果不分析其‘话外之意’，是难以理解戏剧的矛盾冲突和作品的人物形象的。如课文中写侍萍被赶出周家这一件事情，周朴园说‘梅家的一个年轻小姐，很贤慧，也很规矩。有一天夜里，忽然地投水死了……’这句话的潜台词是什么呢？”同学们陷入深深的思考，教室里很安静。邵家辉缓缓地站起来说：“鲁侍萍本来是梅妈的女儿，周朴园抬高侍萍的身份，是为了和自己门当户对。”有人开了头，后面就跟上了，李玉说：“周朴园说鲁侍萍贤慧、规矩，是说自己年轻时也是规矩的，是谈了一场正常的恋爱，没有胡来。”同学们会意地笑了。我笑着说：“一言以蔽之，周朴园抬高鲁侍萍就是抬高他自己。‘有一天夜里，忽然地投水死了……’话外之意是什么？”王逸然说：“周朴园是推脱责任，他这样说，表面看起来鲁侍萍的死就跟他没有任何关系了。”庄妍同学说：“‘忽然’一词用得好，言外之意说鲁侍萍的死是突然的、毫无征兆的、无缘无故的。”

我接着说：“下面再看一段话，鲁侍萍说‘她是个下等人，不很守本分的。听说她跟那时周公馆的少爷有点不清白，生了两个儿子。生了第二个，才过三天，忽然周少爷不要她了……’这段话的弦外之音是什么？”林琳同学举手发言：“鲁侍萍说出事实真相，是在揭发周朴园的罪行。”我马上纠正：“林琳同学说得不是弦外之音，而是这段文字的概括。”庄妍马上站起来说：“鲁侍萍在回答周朴园上面的话，不是我鲁侍萍无缘无故投河自尽，而是你周朴园为了娶富家小姐而丧尽天良地赶我出门，全然不顾我生孩子才三天。”林琳同学又站起来说：“我明白了。我再说‘忽然’，周朴园和鲁侍萍的话里都有‘忽然’，尽管周朴园的在前、鲁侍萍的在后，我看出了其中的因果关系，‘忽然周少爷不要她了’是鲁侍萍‘忽然地投水死了’的原因。”我总结道：“同学们认识到位。这里鲁侍萍用周朴园的原词来嘲讽周朴园的虚伪，使戏剧语言精练而有味，使人物形象更丰满而突出。”

“下面我们再看这段课文，第二幕从开头到‘我们想把她的坟墓修一修’这部分内容，周朴园一共说了六个‘哦’字。要是在平常，对这种应答词我们就可能忽略过去，但通过对上下文语境的理解，当然也包括对舞台说明的解读，我们可以挖掘到人物的未说之意、心中所想。小组讨论一下。”三组同学举手了：“我们小组经过讨论认为六个‘哦’是一般应答词，体现周朴园这个资本家对下人漫不经心的口吻，眼前这个下人对往事这样清楚使周朴园很惊奇。”我接着说：“说得不错，其他小组有补充吗？”六组发言：“是周朴园谎言被当面揭穿时，不由自主发出的。”一组发言：“是周朴园做贼心虚的窘态的体现。”有时剧中的人物并没有说什么话，但透过简短的语言，可以探知人物的内心活动。一个简短的“哦”的潜台词就有如此丰富的意蕴，就能揭示出周朴园由漫不经心到做贼心虚的心理变化过程。

给了学生学习方法，激活了学生的思维，然后按小组进行研讨，理解文中的潜台词。有举例有讨论有分析，有赞同有反对，在思维与语言的碰撞中，同学们感受到了学习的充实与快乐，感受到了戏剧语言的魅力。这就是我想要的课堂教学。

与学生“斗”其乐无穷

石家庄市第二十二中学　宋亚梅

高二学年，学生重新分班，刚刚分过班，班里有个新面孔的女生，上第一节课的时候就用怪怪的眼神看着我，眼神里充满了不满和不屑。我能嗅到明显的敌意深藏其中，让我觉得很不舒服。心想碰上“茬儿”了，果不其然，正式上的第一节课，她就突然大声打断我的讲课，说道：“你讲得不对，我们老师说这是状语后置，不是你说的介词结构后置。”这下子我明白了，这小姑娘是前任老师的忠实粉丝，她一时接受不了也不愿意接受其他老师，怎么办？我没生气而是面对全体学生讲解了这两种说法的异同。我讲完她不再说话了，我又用眼睛看着她问她还有什么疑问吗？她虽然嘴上说没有了，但是还有些不心悦诚服。我明白了，这不是“前任”的一般粉丝，是铁杆粉丝。

第二天我觉得课讲得挺精彩的，其他人都参与度很高，可是“铁杆”还是很淡定。这样一连过了几天，有一天课代表来找我说：“老师，郭强媚说了，没写作业，并且也不会写，这作业没价值，她都会背了，不写。”听完以后我“怒从心中起，恶自胆边生”，但是我只和课代表说了声“我知道了，我会处理”。心伤呀，伤不起呀。可是我没哭，没闹。我去找了她先前的班主任和语文老师了解了一下她的情况，原来她语文功底很好，天赋很高，文采很好，擅长写作，但个性很强，性格也有些孤僻、清高。我了解了这些情况后叫她过来，和她讲了老师留这类作业的必要性。并且告诉她老师面对的是程度不同的所有学生，授课和作业要面向全体；再有，基础知识对于哪个程度的学生都很重要。但是如果她真心能保证会，可以不做这个作业，我可以另外给她留作业，可以写一些文章让我看。第二天她真自己写了一篇文章，填了一首“词”。文章写的是她对人生、生死的看法，我一看这是在“炫”，炫耀自己的文采。炫很好呀，炫耀是渴望被表扬，那好办，那我就表扬，在她的本子上我大大表扬了她，说她有才情，有思想，有文采……接着我也“炫”，我也写了一段文字对她所阐述的问题进行了自己的解读，把她写的词进行了修改。

第二天我故意不正眼看她，但我偷瞥到她这节课听课很专注，并且认真写下笔记，这一回合我胜出。

挑战还在继续，接下来她时常拿一些极不常见的生僻字来问我，有些真是百年不遇呀，兴许那几天我运气比较好，有些还真认识，可是有些真不认识呀。这时我就根据造字法去猜并把猜的过程讲给她，告诉她我不认识，我只是这样猜，不知道对不对，她可以去查字典，然后再告诉我。其实她都认识，但我不点破。有些猜也猜不出来的，我就说不认识，知之为知之，不知为不知。渐渐地这种把戏她用得越来越少了，这关我算过了。说实话我有时也有些生气，但我把它放在心底，权当游戏吧。

这还不算完，还有呢，课下会她会问我：“老师，庄子的思想和老子的思想有什么不同？”“老子说过一句什么样的话你怎么理解？”“我觉得韩非子说的什么什么话不对，你怎么看？”“孔子和亚里士多德谁更高明？”幸亏我平时涉猎广泛，这些问题难不倒我。这是什么样的福气呀？让我遇见这样的学生，这是让我成长呀！不管怎么样，几回合下来，最后是她开始“粉”我了，成了我的粉丝。我也给了她尽情施展才华的空间，班内讲课，校园讲坛。后来她发短信给我：“感谢您一直以来对我的包容和照顾，我会很努力的。”我坚信对每一个学生都能做到耐心、宽容，用自己的知识更用爱心和责任心就一定能赢得每一个学生的爱戴。高三分班了，她又不在我班里了，可是她已经把我当作她的朋友了，课下经常找我聊天。现在她已经是个大三的学生了，我是她口中的“宋宋”，常常填了词给我看，常常把自己的点滴进步向我报喜……她从我的粉丝成功转型为我的朋友。

现在想起来我也挺感谢她，感谢遇到的每个学生，他们让我成长。我现在不管面对什么样的学生都能沉静、坦然、智慧、宽容地对待。用阳光和快乐给学生创造一个愉快课堂，快乐自己，也使学生能在快乐中学习。

锦心绣口，笑看花开

石家庄市二十二中学　王守健

马甲是我的第一届学生，文章写得好，他的作文屡屡被我选为范文；当然也有不足，书写有些幼稚，像是在画蜘蛛。照律，才子总会有一些与众不同。就在一个静静的小晚自习课上，他站起身来问我："老师，这节课你不讲课吗？""自习课啊，不讲课。""你确信不讲课吗？""这节课上自习,不讲课啊。""你不讲课我上什么课啊，你不讲课我就走了。""那你走吧。"然后这个家伙就背起书包，在众目睽睽之下潇洒地走出了教室，留下我故作镇静地看剩下的学生们自习……

冬去春来，花落花开。十年之后，突然接到一个电话，"老师，我是马甲，您有时间吗？我想见见您。"见了面，昔日的才子已经长成大帅哥了。"老师，您还记得有一次小晚……我是来向您道歉的。那次回家后我和爸爸说了，他觉得我做得非常不好，尤其是对一个刚刚毕业参加工作的老师。这么多年来我一直……"

如果不是他再次提起，我还真的不知道这件事在他心里压了这么久。因为小晚自习事件过后，我并没有对他"刮目相待"，照旧会选他的文章作范文，也照旧会批评他的书写不认真。那么现在呢，马甲向我道歉，这让我怎么接受呢？其实应该道歉的反而是我啊，假如他走出了教室，发生了意外，这将要如何弥补呢？或是自此以后，觉得语文课再也没有什么了，白白浪费了天生的才气，这又如何是好呢？祸从口出，难道不正是因为我极为潇洒地甩出了一句"那你走吧"，人家才遵从师命走了的吗？

从教十余载，尽管第一届已经离我越来越远，但每每思及此事，我都会在心中告诫自己：为人师者不可以不严于律己，为人师者切记慎言慎行！

说到慎言，更让我联想到自己平时的教育教学用语。表扬学生只会用“真好”“太棒了”；教育学生，就只会喋喋不休，泛泛而谈。就像上面的故事，语言苍白到只会反复强调“自习”，强调“不上课”，又怎能让学生——更何况还是一位才子，心服口服呢？

具体到每节课的教学语言，问题就更多了。有时会习惯性地重复一些句子，占用了宝贵的课堂教学时间；有时提出的问题不够清晰，弄得学生一头雾水；有时教学语言冗长，不生动，不形象，使得长时间听讲的学生陷入疲顿；有时语言欠缺逻辑性，影响了学生听课的质量……从教十余载，这些问题依旧会在课堂上出现，而且随着年龄的增长大有愈加泛滥之趋势，以至于我作为师者的那一点点自信都将要消失殆尽了。恐惧至极，是时候该向陈旧的教育教学语言说再见了。

意大利著名美学家克罗齐曾经说过：“语言自身便是一门艺术。”而教师恰恰就是凭借这种艺术传授学生知识、培养学生能力、启迪学生智慧、陶冶学生情操。苏霍姆林斯基也曾提到：“教师的语言修养在极大程度上决定着学生在课堂上脑力劳动的效率。”可见，教师教育教学语言的优劣，直接关系到教育教学活动的成败。我国杰出的教育家叶圣陶先生更是有言：“凡是当教师的人绝无例外地要学好语言，才能做好教育工作和教学工作。”那么身为教师的我们，怎能不去精心设计，反复锤炼，不断优化自己的教育教学语言呢？

新形势下的教育教学改革也对教师的语言艺术提出了更高的要求。授课语要富有激情，要善于根据不同的教育内容、不同的现场气氛，用自己流动的情绪、富于变化的语调，表达出或坚定、或深沉、或热情、或愤怒、或悲痛、或感伤等不同的情感。提问语要适时、适度、适量，要面向全班、因人而问，要与学生的认知程度相吻合。应变语要讲求分寸，紧紧围绕课堂任务的完成，针对学生思维活动的特点和走向自然过渡、不露痕迹。表扬语要真实、公正、适度、及时，既不要勉强做作、形式主义，也不要主观臆断、夸大其词。批评语则要注意场合，态度诚恳，始终尊重学生的人格。

教师的教育教学语言，应是教师先进的教育思想、丰厚的知识积淀、娴熟的教育技巧和高超的语言运用能力的完美结合，更应是教师人格美和语言美的和谐统一。它，值得我们去不断追求，终生锤炼。如果时光流转，再回到十几年前的课堂，我会对马甲说："通过自习，三省吾身，独立思考，既能体味自我劳动的喜悦与成就，又能增强知难而上的勇气和自信，何乐而不为呢？"

愿我们从教之人都能将不断完善自己的教育教学用语作为毕生追求，去成就一个更具亲和力、更具吸引力的自我，去成就一个更具感染力、更具震撼力的课堂！

忍得云开见月明

秦皇岛市昌黎汇文二中 张建清

执教多年以来，在课堂上经常出现让我难忘的惊喜瞬间，每次学生的出色表现都让我激动不已。反思，每一次的精彩，都离不开老师的“忍耐”。

我在教授《短歌行》时，赏析到“呦呦鹿鸣，食野之苹”一句时，我抛出了一个问题：“诗歌要表达自己求贤若渴的心意，为什么写到鹿呢？”第一个学生说，鹿代表贤才，渴望吃鲜美的草，就是渴望被君主重用。第二个学生说，鹿代表曹操，草代表贤才，鹿喜欢吃鲜美的草就是曹操求贤若渴，希望更多的贤才到自己的阵营。按照预设，第二个学生的分析就说到点儿上了，但我还是不置可否，忍住自己的表情，探寻地问：“还有没有同学要谈谈自己的看法？”学生不能从老师的话语和表情中得到暗示，于是继续思考，又有三四个学生发表自己的看法，到第七个同学时，他说，老师，我记不清从哪本书中看到的，呦呦，是鹿饥饿时的叫声，所以这个鹿还是代表曹操，他就像饥饿的鹿渴望吃草一样，渴望贤才的到来。他的语音未落，同学们情不自禁地热烈鼓掌，掌声经久不息。

在那之后的语文课上，这位同学更加自信地展示自己读书多的优势。上课发言时，特别关注语言的逻辑性，课下经常追着我问很多细节问题。一次机会，一次表达，点亮了一颗爱语文、爱语言表达的新星，从此，我也快乐着他的快乐。

课堂是教师的舞台，更是学生的舞台，课堂之上，给学生更多表达的时间和机会，是老师的使命，更是老师的境界。一般情况下，课上学生回答问题或者表达自己观点精当时，老师大多会急于给出评价，迅速跳到下一个预设环节，其实这样往往不容易发现更多的问题和亮点，容易美丽地错过学生精彩表现的瞬间。

作为教师，要学会“忍耐”，忍住自己的表情，忍住自己的嘴。静心等待，总会有惊喜，而这惊喜，恰是学生锻炼的好机会，也是语文老师的大享受。

音乐点燃爱国激情

廊坊市第一中学　王俊平

提高语文课堂的效率，让学生在课堂上对所学有兴趣，关键就是点燃、激发学生的学习兴趣，调动学生的学习热情。如何点燃，既要考虑文本特点，又应发挥教师的自身优势。基于这两点，我选择用音乐作为导火索，来点燃《书愤》。

《书愤》是陆游的七律名篇，作于孝宗淳熙十三年（1186年）春，这时诗人退居山阴家中，年已六十二岁，这分明是时不待我的年龄，然而诗人被绌只能赋闲在家。想那山河破碎，生灵涂炭，中原未收，壮志难酬；想那小人误国，世事多艰，朝廷无力，报国无门。怎不令诗人愤激之情喷薄而出？

众所周知，陆游是南宋时期著名爱国诗人，诗人身上最闪光的地方无疑是他的爱国豪情以及誓死不忘收复中原的雄心壮志，而这首诗则是集中体现这一思想的佳作。以学习诗作为契机，激发学生的爱国激情，最是合适不过。当代中学生多的是前卫的思想、个性的张扬、太自我的内心，恰恰缺少对家国意识的认同。当下的中国，虽在很多方面已跻身世界前列，但是我们还有太多需要提高、需要改进、需要创新的地方，需要新一代年轻人担当起中国在新世纪继续崛起的重任。

故而我在安排本首诗的学习时，点燃爱国激情就成了导入的最佳角度。南宋是一个很尴尬的朝代，偏安江南一隅，无力收复中原，令太多爱国志士梦断魂销。寻常的人物故事、诗文不足以引发学生的共鸣，所以在设计点燃环节时，我首先考虑到流行歌曲，作为学生喜闻乐见的形式，极易引起学生的认同。于是我选择屠洪刚的《精忠报国》作为开场曲，震撼雄浑的音乐很快就可以吸引学生们的注意力，趁机让会唱的同学跟唱。之后，大屏幕展示《精忠报国》的歌词，歌声再次响起，继续造势：

狼烟起 江山北望，
龙起卷 马长嘶 剑气如霜。
心似黄河水茫茫，
二十年 纵横间 谁能相抗。
恨欲狂 长刀所向，
多少手足忠魂埋骨他乡，
何惜百死报家国，
忍叹惜 更无语 血泪满眶。
马蹄南去，人北望，
人北望，草青黄，尘飞扬。
我愿守土复开疆，
堂堂中国要让四方，
来贺 。

让同学谈听后感，这首歌赞颂的是南宋爱国将领岳飞。由岳飞的遭遇，引申到南宋的懦弱腐朽，再由岳飞的诗作，让学生回顾学过的南宋其他爱国诗人的作品，那么，文天祥的《过零丁洋》、岳飞的《满江红》、陆游的《示儿》、辛弃疾的《水龙吟 登建康赏心亭》等自然被学生提及。由学生总结这些英雄的共性：均有报国志，均是壮志未酬，都是南宋人，都以悲剧告终。

老师作最后陈述引导：顾炎武有云，国家兴亡，匹夫有责！面对积贫积弱的南宋朝廷，太多爱国志士抛头颅洒热血，誓死北伐，不忘恢复。即便等待他们的是一个又一个悲剧，一次又一次的失望，但，精忠报国、忧国忧民之思何曾放下过。在这众多英雄中间，有一个人临终依然不忘告诫自己的儿子“王师北定中原日，家祭无忘告乃翁”，他就是陆游，今天我们共同探讨陆游的《书愤》，感受这位伟大诗人的爱国情怀！

用心浇灌，静待花开

秦皇岛市北戴河中学　卢　佳

教育上的事，往往快不起来，所以不能急。

教育家吴非说，种庄稼要注意农时，误了农时，便会一无所获。教育和种庄稼有相似之处，必须让孩子们及时地接受教育，这是毫无疑问的。然而，人成长的“四季”绝非只有一年，那就没有必要在一天之内，或一年之内能完全接受教育，并且期待立竿见影之效。

高一到高三，我一直教她，她叫刘杨，一个内向、安静的女孩子，上课时我很少提问她，因为她的声音极小，我几乎没听清过她的发言。她从来不会主动举手回答问题，上课从不走神，作业向来也都是按时完成，但她的语文成绩一直不尽如人意，或者可以说，很差。这使得我较少关注她。就这样过了两年，一直到了高三。

在一次平时的作文训练中，我发现她的风格一改从前，文从字顺，文采飞扬。其实，这个变化并不是不能让我理解的，但在当时，我确实有了一种“量变真能达到质变”的强烈感受。留读书笔记是我一贯的习惯，为了不给学生造成太大的负担，一般我都会规定最少的字数。上了高三，我要求学生每天的摘抄不少于 200 字，一周五天，算起来不算是太大的任务，目的是让学生保持读书的好习惯。班里的大部分同学都只是完成基本的字数要求就万事大吉了，而刘杨的读书笔记上，却工工整整地抄着一篇篇完整的文章，不仅如此，每一篇文章的后面，都有她精心写的大段的“读后感悟”，每篇都至少有 200 字。直观地看，她的一大本读书笔记在半学期时已经用了一大半。

那次作文，她得了48分，前所未有的纪录。当我经过她的同意在班里展示她的作文和读书笔记的时候，全班同学致以热烈的掌声，我相信孩子们是真诚的。

你想让学生做什么，不一定要那么急切，时机未到，不如等待。高中阶段有三年，每个学生情况不同，也许他们会有自己的安排。而且，任何一种教育要求，并非每个学生都能做到尽善尽美。有人说，每一个孩子都是一朵花，只是花期不同而已，他们有可能娇艳无比，也有可能季节轮回之后还是一支寂寞的小苗，但是你会发现他们都在不知不觉地成长。我们要做的就是“静待花开”。当然，“静待花开”的背后不是放任，而是有效指引，用心浇灌。

回顾她的这场转变，其实我自己是有很多遗憾的。对于那些资质平平，也不太会在课堂上表现自己的学生，是否就不期待得到我们老师的关注呢？我想答案应该是否定的。而我自己也把太多的精力放到了要么拔尖要么过于落后的学生身上了，给予像她那样的“乖孩子”太少的关注，如果不是她自己像黑暗中的一棵树一样极力向大地深处汲取养分，而不去在乎是否有人来给它松土洒水，又怎么能有最后的绽放呢？

所以，教师在竭尽所能关注更多的孩子的基础上，更应该做的是激发他们内在的生长力，让每一棵种子都感受到生命与成长的喜悦，哪怕无人问津，也要吐露芬芳。

语文教学里的人文色彩

石家庄市第二十二中学　李春侠

语文课是一门非常特殊的课程，它不仅应教给学生课本知识，还更应注重语文的文学性，给学生更多的人文精神的教育，完善学生的人格操行，引导他们形成健康的价值观、人生观，用语文中点点滴滴的美感去感染学生，去浸润他们的心灵，让学生学会用一颗爱心关心他人，用一份责任心来审视自己。

在具体的授课过程中，我充分利用课本做好这方面的工作，引导学生对课文中所表现出来的“爱恨、善恶、美丑”产生共鸣，从而得到心灵上的震撼，得到教益和启迪，力求实现新课标中“育人”功能的要求。

学习《苏武传》时，我让学生听了民歌《苏武牧羊》，看了电视剧《汉武大帝》中“苏武牧羊”片段，体会苏武的大义凛然、坚持民族气节毫不动摇的爱国精神。学习之后，我又让学生写自己的感受与体会。有一个学生这样写道：

“哀叹，当汉使谋反事败；正气，当苏武拒绝叛敌；惊诧，当单于面对这个宁死不屈不为富贵所动的铁血男儿；执着，苏武举起旄节，流传下千秋的绝唱——富贵不能淫，贫贱不能移，威武不能屈。”

看着这样的文字，你能不被感动吗？谁说我们的学生没有善恶之分呢？

无独有偶，后来我们写一篇材料作文，目的一是练习写议论文，一是警示学生一些为人处世的道理。材料如下：

据说，凡是报考印度孟买佛学院的学生，进校的第一堂课就是由该校教授把他们领到该学院正门一侧的一个小门旁，让他们每人进出小门一次。这个门只有1.5

米高，0.4 米宽，一个成年人要想过去，必须弯腰侧身，不然，就只能碰壁撞头了。进出过这个小门的人几乎无一例外地承认，正是这个独特的行为，使他们顿悟，让他们受益终身。

在人生之路上，常有需要我们弯腰侧身才可以过去的小门。

要求：全面理解材料，选准角度构思文章。自拟题目，自选文体，自定立意，不要脱离材料内容和含义的范围，不得套作，不得抄袭。

材料的核心立意角度是：人生之路上，有时我们面对人生的苦难时，也要学会适应，学会变通，学会低头。其实，人这一生中，苏武的坚持精神我们要学习，但必要时，低头也不失为一种智慧，一种成功的谋略。其中一个学生这样写道：

假如，韩信不去忍受那胯下之辱，而是与恶少生死相向，还会不会有日后的叱咤楚汉，赫赫功勋?

假如，勾践没有经历那卧薪尝胆，而是与夫差你死我活，还会不会有日后的灭吴复国，称雄一方?

假如，司马迁没有忍受宫刑之辱，而是舍生取义，还会不会有日后的《史记》流传，司马迁的青史留名?

还有一位同学这样写道：

曾经，越王勾践低下了头，失去了一个作为领袖的尊严，在受尽屈辱、卧薪尝胆之后，最终赢得天下；曾经，威武的大将军韩信低下了头，在市井百姓的讥讽间忍受胯下之辱，但最终在旌旗飘扬的战场上一洒豪情，为盛极一时的大汉王朝奠定基础；曾经，少年玄烨低下了头，任凭奸臣呼风唤雨，但在数年的历练与成长后毅然智擒鳌拜，开创了钟鸣鼎食的康乾盛世。他们虽一时忍辱低头，却都在低头的那一刻坚信自己会有高昂头颅的那一天。

看着这些文字，我坚信我的学生将来一定会很好地立足于这个社会。

看，语文课里的这些人文色彩，是不是很有意思，也很有意义？所以，以后我还会继续在我的语文课堂上注入这些人文色彩，培养他们高尚的道德情操。

源头活水激活生活

秦皇岛市北戴河中学　王立鋆

“老师，我觉得只有理科才能证明自己的能力，也只有经过自己的努力做出一道难题之后，才能带给我成功的感觉，让我觉得快乐。”

——孟虎彪周记

类似这样的话，我不知听到过多少次了。

的确，学生中普遍存在着重理轻文的现象。孟虎彪只是说出了很多同学没有说出的话。为什么我在阅读或教学过程中感受到的文字的魅力，学生并不能认同呢？

孟虎彪，名如其人，壮实的一个理科男，担任年级学生会体育部部长，他因为工作中的一些小事与副部长发生矛盾（通过我的了解，其实只是言语上的误会），其中那位副部长找到我，表示以后再也不愿与其共事。针对当时的情况，我找到了当部长的他。

“还记得《触龙说赵太后》里触龙进谏成功的原因吗？”

“记得啊，不刚讲完吗？”

“那你再给我说说，我想听听你的看法？”

“怎么了，您想看看我认真不认真听讲？”

“不是，我想知道你究竟有没有真正理解它。”……

“我明白了，我会处理好的。”

不久后，他在周记中悄悄告诉我，矛盾已经解决，两个人又开始并肩工作了。他在周记的结尾写道：“老师，我一直以为语文课本不过是一些没用的文章，真没想到几千年的古人还教会了我这么多。”

“问渠那得清如许，为有源头活水来”，其实，生活正是语文的源头活水呀！

合上周记，我笑了。

是捣乱吗？

秦皇岛市北戴河中学　王立鋆

语文期中考试结束，我分到的阅卷任务是小说部分。这个小说讲的是一个扶贫干部自掏腰包贷款，想带着群众做香菇大棚养殖，最终因为群众撕毁合同，没有按期交货，导致香菇霉变滞销，该干部被换岗的故事。故事中有一个重要配角——该村的村长，他从一开始帮助扶贫干部做群众工作，到后来看到香菇收成不错，又带领群众撕毁合同，导致香菇滞销。考题针对这个人，设置了一个问题——分析村长在故事中的作用。

这种针对人物设问的问题属于小说阅读的常见问题，学生答得尽管不太全面，但是普遍得分还是比较高的，围绕着情节、人物关系及主题等角度作了思考回答。

我翻看着学生的答题纸，快速浏览、判分，这一本估计是场次偏后的考场，6分的题得分已经明显从4.5分降到了2.3分，但是说实在话，故事阅读难度不大，只要不是懒到极致一个字都不写的人，得0分也是不容易的。

这时我翻开的这页答题纸，4行答题空间上，只有潦草的几个大字“捣乱的作用”。我一时血压升高，什么人敢这样回答问题！太不严肃了！ 0分！必须0分！拆卷时一定要看一看是谁，不管是哪个班的非要收拾他不可。

阅卷结束，我把这件事和备研组其他几个老师说了。大家也纷纷表示了无奈和气愤。这样的学生考试就是来捣乱的，简直耽误老师的时间。

分卷之后，我作试卷分析，一道题一道题地登记，一班处理好了，开始看四班的卷子。

“这是谁，这么多题都空着没答……‘捣乱的作用’！我们班的！谁？！”

我往卷头部分看，原来是C。我并不意外他多题不答，这个学生瘦瘦高高，就没见过他站直溜过，更别说上课坐直了听讲，不说话是良好表现，不睡觉是优秀表现。我们几个任课教师也都挺头疼的，他不是对某一科没兴趣，是对上高中没兴趣。

他呀，我非要问问他什么是捣乱的作用，我看他以后还捣不捣乱。

试卷讲评，我挑了几个得分率偏低的典型题目，让失分较多的学生谈审题，再结合得分高的同学的分析，总结失分原因。同学们拿着笔，边听分析边修改试卷答案。处理到小说部分时，我说：“下面我们先来听一听C对这道题的理解。C你来说一下，你考试时怎么想的？”

说实话，在喊他回答问题的一瞬间，千百种语气在我舌尖徘徊，恶毒的、嘲讽的、挖苦的，还是耐心的、启发的、平静的？他也没想到我会喊他，往往课堂上他不睡觉就算好的表现了，什么时候轮到过他发言。哪个老师能把宝贵的课堂45分钟交给站起来什么也说不出来的学生？一堂课赶上三个像这样的，一节课就少处理多少知识点？我愿意等待学生成长，可是我也必须考虑课堂教学任务。所以我平时上课，对他也没有什么期待。

他懒洋洋地站起来，似笑非笑。万幸，没伸懒腰！我听数学老师说，有一次课上点他，他坐在椅子上先伸了一个懒腰，把数学老师差点没气坏了。唉，我们这些可怜的老师，造了什么孽啊……

收回我百转千回的心思，在他即将发言的那一瞬，我竟平静了下来。也许，今天是一个新的开始，我再给他一次机会。

“好好说，你能说说你当时是怎么想的，写‘捣乱的作用’吗？”

同学们一听这个，顿时来了精神，瞪大了眼睛（有的学生上课的意义往往在于一节课听了多少乐子）。“我吧，你看。”他慢吞吞地说，边说边扭动着身子，从歪向左变成了歪向了右。

我压制住自己即将出口的“站直了，不要扭来扭去”，看着他。

“你说，本来老百姓怀疑这个人，不想种香菇。他给大家伙开会，然后就有人听他的话了。接着吧，你看，他们又不愿意卖香菇给那个人了。不就是他在里面捣乱呢吗？”

好吧，忽略C在表述过程中的口语、错乱的人称，真的，不可否认，他看懂了这个小说。他真的只是不会回答问题。

“好，请问，大家在考场上阅读时，有没有看到村长这个配角在香菇滞销这件事上起到的这个作用？C说的对不对？”

同学们对他的分析基本还是承认的。“那我们想，他这样写能不能得分？你要注意的是，想什么和写什么是两个要求。谁能够结合自己的答案，帮C提升一下表达，怎么处理这个信息，才能得到这个采分点？”

大部分同学能够从小说情节要素角度考虑，将C刚刚说的修正成“推动情节发展的作用”。在我的启发下，结合小说其余要素，同学们很快将这道6分题的三个采分点找全了。

“同学们，很多时候你们都在质疑学习的作用。就像C的这个答案，精准用词，你完全可以得2分，不好好写，就是0分。不要小瞧2分，这就是我们和高手在学习上存在差距的原因。你们不是比他们在智力上差多少，而是在学习过程中存在低效行为。时间你也付出了，但是不树立学科思维意识，就不会有收获。C，好好修改你的答案，记住，这道题你本该得2分，你不是不懂，而是你不会回答。跟着大家一起学一点，一分一分地学，总会有收获的。”

后来某一天课间，楼道里偶遇他，他嘻嘻哈哈地跟我说：“老师，小说中间人物的作用，可以考虑推动情节发展，可以考虑和别人对比。你就说，对不对吧？”

“对！下次你一定能得4分啦！”

学习当然没有那么容易，可是如果我们做老师的连一点希望都不给他们，他们又能从哪里走出希望来呢？

C考试时那样写答案，本意是不是捣乱，并不重要了。至少，我认为他只是不会表达，是语文知识储备的问题，不是态度问题，这对于我们俩来说，目前，已经足够。

学生回答中，藏有大乾坤

秦皇岛市新世纪高级中学　耿金卫

在讲《林黛玉进贾府》这篇课文时，我提问学生一道问题，学生的回答，一开始让我感觉答非所问，但仔细一想，让我很吃惊。

我的提问是“作者对‘荣禧堂’的景物描写体现了什么？”我本来设计的答案是“体现出贾府的尊贵地位等”，可是有一个学生却说:“体现了林黛玉的见多识广。”我追问：“如何体现林黛玉见多识广呢？”学生回答：“那么多东西都能叫出名字，不就是见多识广吗？”

我一下子恍然大悟，连夸学生聪明。

最近读王国维的《人间词话》，他在解释词论“有我之境”时说：“有我之境，以我观物，故物皆着我之色彩。”虽然是说“词”，但和小说的“环境描写”结合起来看，也颇有“有我之境”的特点。

虽说曹雪芹在《林黛玉进贾府》中,是借林黛玉一双慧眼,对贾府环境加以介绍。不仅在环境中表现了贾府的轩昂壮丽、主人的显赫地位、身份的高贵、生活的奢华、生活的优裕、人物的情感好恶，但也折射出了林黛玉的个人品位、见识、趣味、情感价值取向和判断，有林黛玉的烙印。

比如王夫人居室和荣禧堂的摆设。先看王夫人居室内摆设——猩红洋罽、大红金钱蟒靠背、石青金钱蟒引枕、秋香色金钱蟒大条褥、梅花式洋漆小几、文王鼎匙箸香盒、汝窑美人觚、银红撒花椅搭，再看荣禧堂摆设——大紫檀雕螭案、青绿古铜鼎、待漏随朝墨龙大画、金蜼彝、玻璃盒。这府里的东西非比寻常百姓人家使用之物，而这些物件，无论多么名贵、稀罕，林黛玉都认识，没有说不出来的，不认得的。可见，林黛玉绝非一般官宦人家之女，而是大家闺秀，所以见识惊人。

联想第六回刘姥姥一进宁国府大观园时情景，把挂钟看作是“匣子下坠着秤砣”，你就可以想象，刘姥姥作为村野农妇，她每天只应该认识秤砣、匣子等物，所以她的眼睛里看到的世界应该就是这些东西，这段描写又写出了刘姥姥的出身、见识、境遇。

两厢联想，就会发现“有我之境，以我观物”，什么样的人就会“着”什么样的“色彩”。

再比如邢夫人带林黛玉去拜见贾赦时，有这么一段话——

黛玉度其房屋庙宇，必是荣府中花园隔断过来的。进入三层仪门，果见正房厢庑游廊，皆悉小巧别致，不似方才那边轩俊壮丽；且院中随处之树木山石皆在。

一个“度”字，表现了林黛玉对房屋结构建筑布局的推测；而一个“果”字，则表现了她的判断的准确：中花园隔断、小巧别致、随处树木山石皆在则一一印证所断非虚。这体现了林黛玉对建筑格局、总体风格的印象评价、审美品位、鉴别能力不同一般。

此问，让我颇多感慨，学生可能并不能准确地回答你的问题，但你千万不要掉以轻心，可能他的思考方式，恰恰是我们解读文本的一把钥匙。教学相长，不可小觑呀！

第二章

课堂之上

一次美丽的告别

廊坊市第一中学　姚秋艳

我执教三十多年，徐志摩的《再别康桥》一讲再讲。我注重课堂的组织流程从整体感知到品味鉴赏再到主题探究的各个环节，尽量符合学生的认知规律。教学内容和方法，体现诗歌教学的根本：理解意象、把握情感、反复诵读、品味语言。没有时下公开课常见的作秀表演和追求热闹的情景，而是认认真真地按照语文教学的规律来教学，上出了朴素、平实的语文本色，使课堂呈现出一种良好的生态。

我一上课就满含激情地导入：离别作为我国传统诗歌创作的一个重要主题，曾涌现了很多经久不衰的优美诗篇，请同学们有感情地背出你知道的诗句。王同学悲壮地吟出“风萧萧兮易水寒，壮士一去兮不复返”，李同学无奈地吟出“劝君更尽一杯酒，西出阳关无故人”，张同学凄凉地吟出“浔阳江头夜送客，枫叶荻花秋瑟瑟”，杨同学悲伤地吟出“多情自古伤离别，更那堪，冷落清秋节”，同学一个个站起来，吟诵着离别的诗句“寒雨连江夜入吴，平明送客楚山孤”“日暮征帆何处泊，天涯一望断人肠”“月有盈亏花有开谢，想人生最苦离别”“相见时难别亦难，东风无力百花残”“独自莫凭栏，无限江山，别时容易见时难”“去年花里逢君别，今日花开又一年”……我总结：多是伤感愁情之作，基调是悲凉的，正是“黯然销魂者，唯别而已矣”。然而我们今天所学的《再别康桥》给我们的第一感觉却是在淡淡的离愁当中更多的是爱恋、憧憬和美感，能够把离别写得如此之美的人恐怕就徐志摩一人了。所以这节课就称为“美丽的告别”。

进入朗读环节，让学生轻声自读，初步体会。然后划分节奏，让学生按照节奏朗读。为了更好地表达情感，对一些字的读音进行了特殊处理，如对“荡漾”和“放歌”两处的诵读指导（重音轻读）。这个时候再听瞿弦和的配乐朗读。有了学生自我朗读的初步体验，加上我的指导，再听名家朗读，就启动了学生把握诗的情感表达的钥匙，增加了相关的审美体验。最后，多媒体播放舒缓的音乐和康河优美的画面，让学生配乐朗读。魏振伟，一个青春洋溢的男生，热情地读着。徐淼，一个多情的女生，甜美地读着。同学纷纷站起来朗读，时间关系，不能读整篇，选自己最喜欢的句子读。课堂上书声琅琅，诗意荡漾，充分体现出了语文的味道。

我承上启下：“轻吟漫诵徐志摩的《再别康桥》，将会陶醉在那注入了纯情的一个个意象中，感受到他那故地重游、乍逢即别的一段思绪和一步几回头、欲别不能的缠绵情谊。”喘口气接着说：“徐志摩为人为文的风格，语言的华彩、夸饰的造句直接构成了他诗文的外在美，与之澎湃的内在激情相匹配，俨然是一个洒脱不羁、放浪形骸的浪漫才子的‘亮相’。《再别康桥》带有诗人柔和飘逸的风度，与诗人的感情融为一体。”

让学生找出《再别康桥》中的意象：“云彩”“金柳”“新娘”“波光”“水草”“星辉”“夏虫”“笙箫”等，这些意象，意蕴丰富，内含感情，值得我们认真地去揣摩。

我问：“第二节里诗人把河边的柳树比作了什么？”学生们异口同声：“新娘！”然后发出了轻轻的笑声，我问秦颖娜为什么发笑，她不假思索地说“新奇”，我说：“对！诗人为什么把柳树比作新娘？对康桥到底有着怎样的情结呢？”

王世凯说：“在诗人眼里柳树很美。”周清爽说：“在康桥的日子是幸福的，甜蜜的。”

我接着问：“榆阴下的潭水，却说‘不是清泉’，却说‘是天上虹’，同学们，你们怎么理解呢？”

靳燕菊站起来回答：“潭水清澈，在夕阳金黄光线的映照下，光亮闪烁，所以看起来像虹。”

刘若男：“我补充一下，这是个比喻句，诗人通过比喻来表达潭水的美。”

我继续：“两个同学的回答加起来，答案就完整了。大家看下面，还提到了‘彩虹’，怎么说来着？”

学生异口同声："沉淀着彩虹似的梦。"

我紧接着问："你们认为这里的'彩虹似的梦'该怎样理解呢？诗人到异国去求学，青春激扬的诗人，会有怎样的'梦'呢？"

秦颖娜马上站起来说："指作者在康桥的一切美好的回忆。"没等我评价，魏振伟就站起来说："这里的梦应该是指诗人留学时期的美好生活。"我点拨道："你们两个说得都对，但过于写实，再思考一下'梦'的意思。"靳燕菊心领神会："我认为这个'梦'主要指诗人的抱负和理想。"同学们轻轻地鼓了掌。

课堂中对"金柳""潭水""彩虹""梦"等意象的把握分析，我觉得激活了学生的思维和想象，然后，在黑板上写下几个小标题：情如"云"飘逸、情如"柳"柔细、情如"水"清爽，作为课后作业。

我深情地说："《再别康桥》写作者乍逢即别，在淡淡的离愁当中更多的是爱恋、憧憬和美感，所以说这是'一次美丽的告别'。"

下课铃声响起，这节课结束了。

课后补记

三个小标题，就是扣住"云""柳""水"让学生进一步赏析。挑选出的同学的作品：

周清爽同学：情如云飘逸。"轻轻的我走了，正如我轻轻的来；我轻轻的挥手，作别西天的云彩。"优美的旋律，抒写出诗人飘逸洒脱的风度。四句中用了三个"轻轻的"，幻觉到诗人已经离开地面轻飞曼舞起来；一"来"一"走"的短暂时间中，突出了一个"别"字。古往今来，文人的别离都是销魂断肠的，徐志摩总想借助轻松的语言来承载沉重的心情。因此，诗一开头，就让这种情如云一般缥缈在空中。云，既捉摸不定，又实实在在；既远在天边，又近在眼前。这是作者精心挑选的第一个意象"云彩"所蕴藉的情感。

李嘉怡同学：情如柳柔细。柳是中国诗歌中传统的意象，诗人之所以钟爱它，一是取谐音"留"，即对别离的人的挽留之意；二是取一插入土壤就能生长的旺盛生命力之意。但徐志摩却拓展了它的意象，把它活化成了"新娘"："那河畔的金柳，是夕阳中的新娘；波光里的艳影，在我的心头荡漾。"诗人的这一幻影，既有对美好理想的追忆，也是对如歌青春的唤回。

郭欣奥同学：情如水清爽。诗中用得最多的一个意象是水。水清如明镜，包容着水上的一切："那河畔的金柳"成了"波光里的艳影"，荡漾在诗人心头，也荡漾在读者心头，榆阴下的潭水，"沉淀着彩虹似的梦"，只有心清如水，才写得出如此清澈美妙的句子；水清爽似春风，没有深情的水的抚摸，"软泥上的青荇"怎会"油油的在水底招摇"？因为这水的多情抚慰，诗人竟然"甘心做一条水草！"诗人对康桥的情确如水一样清澈！

“三听三读”教《蜀相》

廊坊市第一中学　姚秋艳

在《蜀相》的教学中，我采用三听三读、层层深入地把握诵读、读中有品、以品带读、品读结合的教学方法。

上课铃响了，我播放《梦回唐朝》，满怀激情地说：“同学们，老师很喜欢《梦回唐朝》。喜欢这首歌，不仅仅是因为它好听，更重要的是这首歌总能将我带回大唐盛世。大唐盛世是中国历史上最繁荣的时期。这时国家统一，经济繁荣，政治开明，文化发达，对外交流频繁，社会充满自信，民族充满自豪，社会生活的各个方面无不呈现出活跃的状态。其国势之强盛，气象之恢宏，确实令人叹为观止，它不但在中国历史上是一个亮点，放到世界历史上也是值得我们骄傲的一片辉煌。然而，遗憾的是，大唐盛世只维持了短短的五十年。在安史之乱爆发后，大唐盛世便像纽约的世贸大楼一样轰然倒塌了，而且，从此就走上了日益衰落的不归路。因此生活在那时的人们就仿佛一下子从天堂掉到了地狱一般，他们的感受是可想而知的，尤其是那些忧国忧民、以天下为己任的人，他们的感受就更强烈了。今天我们要学习的古诗《蜀相》的作者杜甫就是在这样的社会背景下写就的，并且杜甫就是这样一个忧国忧民、以天下为己任、有极大抱负却壮志难酬的人。”我缓了一口气，接着说：“《蜀相》是一首古诗。学习古代的文学作品，诵读是非常重要的。古人云，书读百遍，其意自见。又说，熟读唐诗三百首，不会作诗也会吟。我们今天虽然不提倡写古体诗，但是经常诵读，对提高阅读古诗文的能力，提高自己的文学修养无疑会大有好处。今天我们的主要任务就是从基调、感情、格律三方面来学习古诗的诵读。”

我板书：了解诗歌基调，初步把握诵读。

我缓缓道来："基调就是指诗歌所抒发的基本感情，我们通常都是根据诗歌的写作背景和主要内容来把握的。所以，首先就请同学们结合刚才老师介绍的写作背景，迅速浏览诗歌，把握诗歌的感情基调：杜甫在这首诗中抒发了一种怎样的情感？"

一分钟后，有几个同学举起了手。"彭锟，你来说一下。"彭锟站起来说："感情基调是感伤的。"我说："对，除了感伤，还有什么？彭锟坐下，谁来补充？"靳燕菊站了起来："由'出师未捷身先死'一句可知，还有一种叹惋的心情。""请坐，这也正是全诗的基调。诗歌的感情基调是感伤的、叹惋的，那我们在诵读时该怎样来表现呢？是读得快还是读得慢？是读得激昂还是读得低沉？是读得如奔流瀑布一泻千里，还是读得如百尺深潭潜流暗涌？是读得如'间关莺语花底滑'，还是读得如'幽咽泉流冰下难'？"

班长站起来说："要读得稍慢，读得深沉，读得如潜流暗涌，读得如冰下泉流。"

请一个学生来朗读，然后听诵读录音。

结合背景，整体感知，把握基调，读出感情。（在板书"了解诗歌基调，初步把握诵读"后加上"一听一读"）

我板书：了解诗歌格律，把握诗句节拍，再次诵读。

我接着讲："刚才同学们诵读时很自然地注意到了诗句中的停顿。停顿在诵读时是非常重要的，古诗中的停顿和它的格律有关。《蜀相》是一首七言律诗，律诗的句式一般是每两个音节构成一个节奏单位，每一节奏单位相当于一个双音词或词组，音乐节奏和意义单位基本上是一致的。七言句的节拍有两种方式：××—××—××—× 和 ××—××—×—××。请同学们据此给《蜀相》的诗句划分节拍。"

巡视教室一周，指导学生划分节拍。继续指导："要读准节拍，诵读时每拍的后一字遇平声可适当延长，遇仄声宜作一顿，这样诵读会有抑扬顿挫的声调。"再放诗歌录音，同学们跟读。要懂点格律，读准节拍。（在板书"了解诗歌格律，把握诗句节拍，再次诵读"后加上"二听二读"）

我板书：分析诗歌的感情，根据感情深入把握诗歌的诵读。

我继续讲："刚才，我们通过了解诗歌的基调和格律初步把握了诗歌地诵读，接下来我们一起来分析诗歌中最重要的内容——感情，并据此更深一步地来把握诗歌的诵读。同学们，诗歌中最能表现出诗人感情的是哪些诗句？"

同学们经过讨论分析，最后归纳出"三顾频烦天下计，两朝开济老臣心。出师未捷身先死，长使英雄泪满襟。"

我接着问："这两句诗中写了诸葛亮的哪些事？"

王世凯不假思索："三顾茅庐，六出祁山，七擒孟获，九伐中原。""谁来补充？"朱益华站起来："隆中对定天下计。"有"历史通"之称的周煜林站起来："西取四川，东和孙权，北拒曹操，开创蜀汉，济助后主，平定叛乱，身死五丈原。"一口气说完。我总结道："同学们说得都对。"接着说："该怎样来理解'三顾频烦天下计，两朝开济老臣心'两句诗中包含的思想情感呢？"我在黑板的边上写下：天下计、两朝开济、老臣心。

然后说："请同学们重点分析这三个短语。"

魏振伟站起来说："隆中对定下天下大计，写出了诸葛亮的雄才大略；开创蜀汉，济助后主，写出了诸葛亮的宏伟业绩；'鞠躬尽瘁死而后已'尽了老臣的忠心，写出了诸葛亮的忠心报国。"我说："分析得很好，请坐。我们现在再看这两句诗中包含的思想感情。"同学们说出一些关键词语"崇敬，仰慕"等，我说："请学习委员完整表达。"学习委员大声说出："这两句诗表达了作者对诸葛亮称颂、崇敬、仰慕的思想感情。"

我接着往下讲："我们看后两句，诸葛亮虽然雄才大略，功业昭著，最终却没有完成自己的事业，这就不能不使人为之叹惋了。至此诗人水到渠成地写下了下面的千古名句'出师未捷身先死，长使英雄泪满襟'，这句诗中的思想感情又是怎样的呢？"我语音刚落，同学们异口同声地说："深沉、叹惋、感伤的思想感情。"

我接下来进行诵读指导："这两句诗该怎么朗读呢？'天下计''老臣心''身先死''泪满襟'该读重。'三顾频烦天下计，两朝开济老臣心'带赞颂的语气。'出师未捷身先死，长使英雄泪满襟'带惋惜的语气，'死'字要读得沉痛；后句要读出感伤的语气，尤其是'泪满襟'三字要一字一顿，有泣而涕下的感觉。"

三听录音，然后学生自读，各小组选出代表朗读。（在“分析诗歌的感情，根据感情深入把握诗歌的诵读”后加上“三听三读”）

最后，我总结诗歌朗读技巧。

布置作业

1. 背诵这首诗。

2. 思考：这首诗里的英雄有没有包括老杜自己呢？

这节课上得不只是完整，更有一些特色，通过听和读，使学生由浅入深，逐步加深对课文的理解。

开学语文第一课

秦皇岛市新世纪高级中学　张春岭

万事开头难，每一次接高一的新生，教他们语文，我都要精心准备一节开学第一课。

在学生新奇的目光注视下，我这样导课——语文是高中阶段最美的学科之一，她会给你一种美的陶冶。她承载着深厚的民族文化，已经渗透到我们每个人的日常行为中。语文会陪伴你一生，成为你生活和工作最得力的工具。语文将会给你高考提供最多的分数支持。从这个角度上说，我们得学好语文！

为了加深我们的相互了解，你可以回答我几个小问题吗？

1. 你可以告诉我你中考的语文成绩吗？我可以替你保密。

2. 请将你喜欢的一首小诗写在下面？说说你喜欢的理由。

3. 你最喜欢的文章是哪一篇？说说你喜欢的理由。

3. 请你给我介绍一下你喜欢的一本书，字数不限。

4. 请抄录你一条原创的 QQ 说说，或者你原创发表的一条微博，或者你在微信朋友圈里发表的一条原创微信。

5. 你在报纸上发表过文章吗？文章的题目是什么？

6. 你在初中学习语文的最大困惑是什么呢？

我对学生回答的问题进行了点评总结："同学们回答了以上的问题，无论中考成绩高低，都代表过去，从现在开始，好好学习语文，高考时也会取得优异的成绩。同学们喜欢的诗歌、文章都是初中课本学过的，说明同学们在初中很喜欢诗歌和散文的学习。高中阶段请拓展阅读的范围，积累一定量的诗歌，为文学作品鉴赏打下坚实的基础。好多同学在喜欢的一本书这个问题上交了白卷，我们这一届面临着新高考的挑战，新高考中要求考整本书的阅读，而同学们没有喜欢的一本书，这是非常严重的一个问题，高中三年要多读几本书，特别是我们课本后面推荐的图书。同学们在自己的自媒体上发过不少的原创作品，这是信息时代应该有的做法，我们应该将自己的语文学习和自媒体结合起来，在信息时代里信息化地学习语文。同学们学习语文的最大困惑是不知道语文学什么，语法基础很差，这跟张老师当时学习语文的状态很相似。”

当然，不能只让同学们回答问题，我也回答一下：

1. 我中考的语文成绩，由于时间久远，忘记了，好像是各科中最高的。

2. 我最喜欢的一首小诗是清朝袁枚的《新正十一日还山》：

重理残文喜不支，一言拟告世人知。

莫嫌海角天涯远，但肯摇鞭有到时。

特别喜欢最后两句，人生贵在坚持，只要你坚持了，就可以实现自己的理想和目标。人生只有坚持才有意义。

3. 我最喜欢的一本书是《三国演义》。大学毕业时我的毕业论文就是写的诸葛亮的形象。《三国演义》写了几百次战争，但是没有重复之感，《温酒斩华雄》一节是侧面描写的典范之作。人物鲜活而真实，曹操是个黑色巨人，有着政治家的正义，也有奸雄的狡诈，有着文人的才气，也有着帝王的豪气。时间的关系，我就先说到这里吧！

4. 最近我在网上最火的一条评论是：当中国女足在十八届亚运会以 5 ∶ 0 大胜泰国队的时候，好多人在网上留言评论。我在微头条上发表了一条评论：我很想看赵丽娜，可是怎么也看不到。获得了 400 个点赞，30 条评论。

5. 我在报刊上发表过 50 万字的各类作品。我喜欢我的一篇散文《简单就好》，发表在《散文百家》2018 年第 10 期上。在我的头条号上，这篇文章的阅读量达到了 3.1 万次。

6. 我在初中学习语文的时候最大的困惑是不知道语文学什么，还有我对中文语法一点儿也不懂。

我接着说："以上我们聊了语文学习方面的问题，同学们对语文总是轻视的，因为是自己的母语，以为会说了就行了，其实我们对语文了解不够，重视也不够。下面是语文和生活的几个问题，你能回答吗？"

问题一：二十四节气里有个叫处暑的节气，过了处暑天气就凉快了，明明处在暑气之中，为什么就凉快了呢？是不是古人给这个节气命名的时候搞错了呢？你能给我一个解释吗？

学生们一脸的疑惑。

我说："其实，'处'在古汉语是'止'的意思，处暑就是暑气停滞的意思，天气变得凉爽了。在古代汉语中，'处'还有'时候'的意思。岳飞的《满江红》中，'怒发冲冠，凭栏处'，意思是：在扶着栏杆的时候，怒发冲冠。"

问题二：你是美食家吗？你喜欢吃陕西名吃肉夹馍吗？吃肉夹馍的时候，思考过一个问题吗？明明是馍夹着肉，偏偏叫肉夹馍，看来是搞错了，你说呢？

学生们似乎刚注意这个问题，一脸的惊异和好奇。

我解释说："这个陕西的小吃可是有名气了，得名源自这样的一句记载：肉夹于馍，是被动句，肉被馍夹着了。你能说说文言文里被动句还有哪些形式吗？"

问题三：今年天气特别热，小岛经历了一场热浪的洗礼，七月流火，炎热难耐，这样说可以吗？

学生们小声议论说："可以吧！"

我接着说："七月流火的使用是错误的，七月流火，出自《诗经》，七月流火是一个汉语成语，指大火星西行，夏去秋来，天气转凉。可不是同学理解的天气炎热啊！"

问题四：我们平时骑车出门，不小心摔了一跤，或者参与某项运动，不小心受点伤。父母会怎样对待这件事儿呢？

学生们说："只要我们没受伤，父母就很高兴！"

我说："对！我相信只要你们的安全没有受到影响，父母一定不在意物质上的损失。这是儒家思想对中国传统观念的影响，也是'以人为本'的理念在我们生活中的体现。在《论语》中有这样的记载：‘厩焚，子退朝，曰伤人乎？不问马。’儒家思想已经成为我们中国人的主流思想和价值判断尺度，学习语文就是学习我们传统的优秀文化。”

同学们，语文学科是伴你一生的学科，学好语文可以为你将来生活和事业发展提供很大的帮助。语文学科里面渗透丰富的优秀的传统文化，具有极强的人文性。常言道：腹有诗书气自华。读书是门槛最低的高贵。

那么学习高中语文要注意什么呢？

1. 用好课本。课本是学习语文的引子，因此课本是你学习语文的切入口，比如学习了高中语文必修一的毛泽东的《沁园春 · 长沙》，就要引导着自己去了解中国古代的诗词，拓展自己的视野。而学好课本的文言文，就可以做好高考文言文阅读试题。

2. 多阅读课外的读物。高中语文和初中的语文最大的不同是不再直接考课本，当然默写除外。因此增加阅读量是学好语文的关键所在。阅读要阅读经典，要注意阅读的面，文学、历史、哲学、自然科学的书都要读一点，养成阅读的习惯，将是你学好语文的关键。

3. 建立自己的自媒体平台——QQ 空间、博客、微博、微信、今日头条等，将自己平时的所思所想，在自媒体上发表，增强学习语文的成就感，也为自己积累写作素材。

4. 注意总结语文各种题型的解题方法。高中语文的各种题型是依据《高考考试大纲》设置的，因此题型是相对固定的，是有一定的解题思路和方法的。平时要注意总结和归纳。

5. 要坚持，要下一定的功夫。不要认为语文学和不学一个样，语文需要长期地阅读和写作，才可以提高自己的语文水平。语文成绩的提高会为你的高考提供很大的帮助。

总之，要从大语文的角度学习高中语文，既要学好课本，又要注重阅读，从而全面提升自己的语文素养。一定要学好语文，因为语文是你一生的陪伴。

我认为，语文老师要是练家子，教学生写作，自己也应该动笔，下面和同学们一起欣赏我写的2018年高考作文——《让梦想在盛世里开花》。

让梦想在盛世里开花

十八岁的年轻人：

你好！当你揭开时光的瓶口，读到我给你写的这一封信的时候，我已经从青春走过，而你正是少年。

我有幸生于千年伊始，站在了一个新世纪的时间节点上，之所以说有幸，是因为十八年的生命历程里，满满的是自豪和幸福的记忆。还记得八岁时经历的那次北京奥运会，盛世祥云在鸟巢升起，完美是对那次奥运的总体评价。于是才有了2022年的北京·张家口的冬奥会。一城双奥运，北京，绝无仅有。在互联网+的时代里，我们已经享受到移动支付的便捷、网络购物的方便、共享单车的环保、高铁的快速，新四大发明是我们提供给世界的创意，也是给世界未来生活划定的标准。难忘第一位女宇航员刘洋在太空给我们上的第一节课，难忘"嫦娥一号"远赴广寒去慰藉寂寞的嫦娥，难忘辽宁舰蛟龙出海，难忘神舟系列飞船飞向太空时那缕烟火。

我深感生逢盛世，于是在盛世里编织着梦想的花朵。梦想着登上国产的航母，去守卫祖国的海疆，梦想着在人工智能领域，有我的一席之地，梦想着生物工程研究中取得袁隆平般的成果，梦想着在全世界最长的高铁网中驾驶着飞驰的列车……

当你十八岁时，我已经步入中年。我完全有理由相信你的十八年比我的青春更精彩。生活在全面小康社会里的你，一定享受了良好的教育，享受着小康社会里的各种发展成果。在你坐在高考的考场上时，我们国家走上了中华民族伟大复兴的征途中——秦汉的气象，唐宋的风韵，大国的雄姿，复兴的成果，这一切尽在你的面前。在盛世里立志，你的梦想一定比我的更丰富、更多彩！

需知创业易，守成难。在一个实现了伟大复兴的国度里，发达、繁荣不可以消磨了你的意志，迷失了你的目标。需谨记《易经》里的一句话："天行健，君子以自强不息；地势坤，君子以厚德载物。"你我一样身逢盛世，天相行健，这为实现我们的梦想创造了条件，我们应该善假于物，自强不息，让梦想在盛世里开出绚烂的花朵！

当然，我也正值壮年，也力争用自己的青春所学去实现自身的价值。我的理想正在你十八岁时结出了硕果，我更希望你在盛世中编织自己的梦想，在未来的日子里接过我手中的接力棒，只为让国家富强，民族永昌！

长你十八岁的人

2018 年 6 月 7 日

同学们，我给你们上了高中语文的第一节课，给同学们提出了学习语文的一些建议。接下来的三年，需要你们不断地努力学习，提升自己的语文素养，为你们的人生奠基，我相信你们的人生将因语文而精彩！

丁香绽放得别样美丽

——戴望舒《雨巷》教学有感

石家庄市第二十二中学　孙美英

20 世纪八九十年代，学生们曾经是那么痴迷现代诗歌，舒婷、海子、顾城、食指、席慕蓉、汪国真……这些名字在那个年代是那么不可替代地融入了年轻人的生命，甚至于在若干年后还有人写文纪念海子说："如果可能，我愿意追随你而去。"

然而现代诗曾经蓬勃的生命力到今天已经是奄奄一息了，在大环境的影响下，现在很多的高中生根本不知道以上这些诗人，也很少对现代诗产生别样的情愫，只是偶尔有所接触。《雨巷》作为高一年级第一学期第一单元的第一篇真正意义上的现代诗，无疑承载了很多的东西。

在设计本课时，我想把它作为一个赏析现代诗的切入点，一是让学生真正体会现代诗的魅力，喜欢甚至是迷恋上现代诗，从而提高学生语言表达能力和审美能力。二是尊重学生的个性化体验，把课堂还给学生，让学生尽情表达读诗的感受，最后再概括出多数人的情感体验，同时把作者的情感渗透以总结归纳的形式点给学生。

回顾总结了一下，分为以下几个步骤：

一、导语设计

在导语设计上，不惜时间，要达到激发学生学习现代诗的浓厚兴趣，让他们能够有一种想去了解、积累现代诗，甚至于自己写诗的冲动。

首先，我问学生最喜欢的现代诗是哪一首，他们绝大多数根本没有接触过初中课本以外的现代诗，知道冰心的《繁星》的已经是佼佼者了，这是预料之中的事情。

然后，我引出诗歌之美，美在朦胧，含蓄，美在激发起我们无限的联想和想象，美在意会时心灵的震颤，美在读诗时的那种音韵的流畅。最后，我举出几首我很喜欢的现代诗。由歌曲《求佛》和周杰伦的专辑《七里香》引出席慕容的《一颗开花的树》和《七里香》，再举出汪国真的《让我怎样感谢你》，外加一首我上届学生写过的诗歌《江南》。用多媒体，配上音乐和背景图画。从学生眼神中我看到了艳羡和渴望。最后我又给他们展示了印度诗人泰戈尔的《世界上最遥远的距离》，每一小节都在学生们心中激起了阵阵涟漪。他们已经极想跟我到诗歌的国度里漫游了。

二、诵读设计

诵读作为诗歌教学中的不可缺少的环节，我实行的是分目标诵读。让学生分几遍完成字音疏通、大意疏通、有感情诵读和深层感知。

我只作要求，不作任何提示。当学生读完后，我归纳了读诗的三种情感态度：一是学生自身的情感体验（读者的个性化情感体验），二是大多数人读完之后的情感体验，三是作者创作时的情感渗透。

我要求学生首先要尊重自己的情感体验。在第一节课快要结束之际，我留了一个课下作业，提了两个问题：你觉得这首诗写了什么？读完这首诗的感受是什么，或是激起了你怎样的情感涟漪？（可以就一个意象，可以是一种意境，也可以是某一小节，抑或是整首诗，由这首诗使你联想起了什么，想象出了什么，总之只要是你自身体验出来的引起了情感共鸣的东西都可以。甚至可以写一段文字或一首小诗来表达你读后的感受。）

三、学生的情感体验交流阶段

毫无疑问，这是一个很具挑战性的开放性问题，学生的回答可能五花八门，有的同学可能不理解、不喜欢，或根本没什么感觉。这就要求老师在课前作好充分的准备，把整首诗的内容和手法烂熟于心，这样才能够有效地作好引导，掌控整个课堂。

然而，我在两个班——一个文科班，一个理科班，却上出了截然不同的两堂课。

首先，第一节课在理科班，他们面对我的问题，回答得很干脆。下面是一些回答的内容。

学生一：这首诗写了诗人希望逢着这一个丁香一样的姑娘，结果遇见又离去，表达了作者的惆怅之情。

学生二：我觉得不仅仅是姑娘，这应该是作者的理想。

学生三：诗作表现了革命道路上一种追求而不得的苦闷。

而且，我只问了三四个同学，他们就答到了这种程度。答得太像考试答案了。我除了说“很好”，便不知说什么了，不用启发，不用引导，没有过程。

因为他们一下子，在我没有对背景和作者进行任何介绍的前提下，他们居然想到了革命理想。我想如果学生真的能够运用知人论世的话，也未尝不可。然而总感觉他们根本没尊重自己的情感体验，很可能课下借鉴了参考书，也或者是习惯了去揣摩作者的情感渗透这种思维模式。

至于说激起了他们怎样的情感涟漪，最好的就说感觉读来有点惆怅的美感。接着问哪里带给你惆怅的美感，就无语了。

弄得我一时间手忙脚乱，语无伦次。本来我想从个性化体验引导出意象的含义，由学生的不同见解去引导他们怎样把握诗歌的情感，怎样再考虑到作者的情感渗透，这下好了，不用引导。

我也只能又从几个意象讲起，自言自语地顺了一遍，我在尴尬中上完了这堂课。

反思自己，应变力不足，预设也不够，所以自己很被动，而学生在课前看了一些参考材料，也影响了他们个体情感的体验，他们失去了自我的情感开掘。

第二节在文科班，我在忐忑中走进了教室，我调整了自己的思路，让学生充分地说，不管说什么，我要以不变应万变。

第一个问题，提出之后，一个学生举手说，读完后写了一首诗，想读给大家。诗如下：

梦

仅是为了梦里的那个记忆
模糊的身影
浅浅的笑靥
总觉得是什么秘密

压在心底

瘦弱的身影
惆怅的眼神
轻轻的叹息
环绕着神秘

撑着油纸伞的丁香女孩呀
就是一个梦
飘在我的眼前
绕在我的梦里
勾起了我的心事

在这个午后
我的思绪飘飞
沉浸在深沉的忧伤中

我一下子激动起来，欣喜之余，我马上想着，就把这诗当作切入点吧。于是，读完我就势追问，你想象的女孩为什么说是惆怅的眼神、瘦弱的身影呢？

学生回答，就是一种感觉，诗里多次出现了惆怅、哀怨、彷徨这样的词，另外“飘过”也表示女孩的脚步肯定很轻盈，身体肯定瘦弱。

其他同学也补充说，诗中说丁香一样的姑娘，丁香花本身非常纤弱，所以女孩也是这样。后来我又问丁香花什么颜色，他们有的说是白色，有的说是紫色。于是姑娘的纯洁、美丽、高贵、神秘就出来了。我又引申出了丁香在古诗词中被赋予意象意义，补充了几首诗词。他们觉得自己的感觉得到了印证，很是兴奋。

紧接着，就她诗中的“撑着油纸伞的丁香女孩呀，就是一个梦”问学生，为什么说是“一个梦”？

她的理由是:文中的用词“飘过”,“梦一般”的,还有整首诗给人的感觉很虚幻,好像就是作者一个人的想象,作者一直说希望、希望,这就是说也许姑娘根本不存在,是作者的想象。

很多同学也表达了这种观点。

我又问:“你说自己沉浸在忧伤中,勾起了你怎样的忧伤?”

学生回答:“朋友和老师,刚离开初中,总感觉每天的相遇是一种必然,然而今天相遇真的很难。”

紧接着,有的同学补充说:“我想到了《红楼梦》中的林黛玉,瘦弱多病,美丽脱俗。”

有的同学接着说:“我觉得就是表达作者对爱情的一种向往,丁香姑娘是不存在的。”我想到一首诗:“春梦随云散,飞花逐水流。寄言众儿女,何必觅闲愁。”

有的同学说:“我还想起了我的一个好朋友,他就在旁边的学校,我特别希望跟他在路上能够相遇,但从没遇见过,一读这首诗,我马上想到了他,心里很伤感,真的是像梦一般的飘过。”

这时,有同学举起了手:“我觉得这个姑娘不仅仅是一个姑娘,而是一种追求,一种理想,美好的理想,越读越觉得作者是有所寄托的,不仅仅是遇到一个姑娘。所以读来很虚,有一种很缥缈的美感。”

我说:“你是怎样想到这深一层的?”

他说:“因为虚幻,因为诗人的执着、诗人的严肃和惆怅。”

许多同学点头。

一个同学却说:“我还是觉得就是一首写爱情的诗,我很坚持。”

有的同学还说:“我想起了一首诗《蒹葭》,与这首诗有相同的美感,那个美人寻不着,就像在水中央,可望而不可即。”

有的同学说:“我觉得这首诗这么迷人,读来让人欲罢不能,就是因为有一种想得到而最终得不到的遗憾和失落。”

我追问:“你们老谈姑娘带给你们的感受,这个题目可是‘雨巷’啊!”

同学说:“那么长的雨巷,那么寂寥的雨巷,那么悠长的雨巷,不正是作者的行进之路吗？”

同学们你一言，我一语，说个不停，在他们的讨论下，我把“丁香”“雨巷”和“姑娘”的含义很自然地糅合进去了。

最后由我归纳总结：“无论你理解成一首爱情诗歌，或表达作者对理想的追求，或者是你由这首诗想到了你曾经熟悉的诗和事，还有人，都可以的。一首好诗就是能够言你所未能言的心事，激起你的共鸣，使我们的情绪找到很好的宣泄口。”

然后我让学生读出自己最喜欢的几句诗，反复吟咏。

最后，我又给学生介绍了作者和写作这首诗的背景，让他们感受到了作者的情感渗透，告诉他们，我们既要尊重自己的情感体验，同时也不要忘了作者实际的情感渗透，学会知人论世，这对于我们理解作品也非常关键。

我是在兴奋中走出教室的。反思这堂课的设计，两个班，一个是语无伦次，一个是妙语点拨，更为突出的是后一个班学生的情感体验很丰富，他们可能收获了很多的东西，尤其是感情的共鸣和宣泄。根据后来的作业，我的作业是写一首同题散文，后一个班学生明显比前一个班有感触得多，许多人想到了自己的求学之路，想到了自己人生的花季，想到了作者种种心情，很丰富！

为什么同一个老师，同一堂课，基本上相同的设计，会出现如此的不同。细加分析，一是因为刚接手高一的学生，我对于学情把握还不是很好，还没有培养起学生语文思维的习惯。理科班和文科班的思维习惯是有区别的，根据新课程标准，提高学生的核心素养要关注学生“思维的发展和提升”，关注学生的“审美鉴赏与创造”，不同的思维水平应该有不同的提升方法，而不是同一而论。二是作为语文老师，尚需要不断提高专业素养，还没有完全适应从计划性地掌控课堂到开放性课堂的转变。同时学生的思维模式中也有一味揣摩作者用意的弊端，他们已经不习惯于让自己去感受自己能感受到的东西。

第二堂课的成功在于学生给了我一个很好的切入点，还在于我失败的教训坚定了我的一种理念，课堂是学生的，学生是主体，老师是主导，要想真正落实这两种地位，作为老师，必须要敢于放开课堂，更要有驾驭开放课堂的本事。新的教学思路也需要一种思维习惯，太开放的课堂不好掌控，但是的确是发掘了学生自己的情感体验，同时也丰富了学生的知识储备，激发了他们的学习兴趣。虽然不易，但正因为不易，才使我们的工作更有意义。

后记

在《再别康桥》一诗的教学中，我在学生诵读完之后，首先让学生谈一下在自己眼中本诗最打动自己的地方。学生们的答案，丰富了这首诗的内容，读出了很多个性的美感。而在后续的现代诗写作阶段，同学们从第一首的不知所措，到后来多数同学能写出一首非常像样的现代诗，这的确是做到了围绕学科核心素养进行教学的要求,在学生的“语言建构与运用”和“审美鉴赏和创造”这两面的提升尤其明显。

独特的构思，深沉的览怀

——李白《越中览古》叙事

廊坊市第一中学　任庆成

上课了，我满怀深情，语调略显低沉地导入课题："余秋雨说过，中国传统文学中最大的抒情主题，不是爱，不是死，而是怀古之情、兴亡之叹。怀古诗是作者身临旧地凭吊古迹而产生联想、想象，引起感慨而抒发情怀抱负。这类作品内容与思想大都比较沉重，感情基调一般都比较苍劲悲凉。诗人们对历史的处理往往是'攻其一点，不及其余'，使诗作文短意长、含蓄蕴藉，令人回味再三。"

语气稍稍舒缓一下，我用一个成语转入诗文："同学们，'卧薪尝胆'的故事都很熟悉吧，谁能简单介绍一下呢？"

张博闻同学第一个站起来："春秋时期，吴越两国争霸，成为世仇。越王勾践于公元前 494 年被吴王夫差打败，卧薪尝胆，誓报此仇。公元前 473 年，越王勾践果然把吴国消灭。"

我肯定评价："说得真好，简洁明了，请坐。"我接着引入："当年李白南游吴越，想起这段历史的时候，他会有怎样的感慨呢？让我们一起来赏析他的《越中览古》吧。"我板书"越中览古"。

我继续介绍这首诗写作的历史事件，并简要概述诗歌的情感基调："这是一首怀古之作，是诗人游览春秋时期越国王城故址越中（唐越州，治所在今浙江绍兴），有感于其地在古代历史上所发生过的著名事件而写下的。诗人选取这一历史事件中他感受得最深的吴败越胜，越王班师回国以后的两个镜头，寄托了盛衰无常的感慨。本诗写的就是这件事，全诗的基调是咏叹兼嘲讽。"

停顿了一下，我朗读了一遍这首诗歌，让学生们回味我刚才的话语。我接着说："就让我们就设身处地深入到诗文中去，品读出诗歌的情怀吧。诗歌的首句叙述历史事件，'破吴'要重读。二、三两句属于'承'须连读，中间停顿应短一些。最后一句写诗人眼前的景象，在章法上是'转'。'只今惟有'四字要重读，其后应作一顿，然后徐徐吐出'鹧鸪飞'三字，以示其中含无限感慨之意。这首诗没有'合'，也可以说是把'合'留给了读者。因此，读完这句后应当继续沉浸在诗的境界里一小会儿，再作结束表示。"

铺垫提示介绍完，我板书诗歌全文，转入诗歌讲解："越国战败后，越王勾践卧薪尝胆，十年生聚，十年教训，终于打败吴国，成为最终的胜利者。那么诗歌是从何处落笔呢？"

侯若辉同学举手回答："诗歌是从胜利者班师凯旋落笔的。"我竖起大拇指，真的很高兴，并提出表扬："太棒了，问题回答清楚准确！"我进一步阐述："首句说越王破吴，第二句说战士还家，两句写出了破吴后越国上下一片欢乐的气氛。"

我继续发问："诗歌的第三句写的是什么内容呢？"

张雅欣同学主动回答："第三句从越王宫殿遗址联想到当年充满后宫的如花宫女。""很正确！"我肯定她的回答。

趁热打铁，我进一步提出问题："诗歌不是历史小说，绝句又不同于长篇古诗，所以诗人只能选取他感受最深的某一部分来写，那么诗歌的前三句作者选取了哪两个镜头？"

同学们思考了一会儿，班长宋士骥缓缓站起来，说："老师，我觉得有两个镜头：镜头一，战士凯旋，大家都得到了赏赐，所以不穿铁甲，而穿锦衣。只'尽锦衣'三字，就将越王及其战士得意归来的喜悦和骄傲的神情烘托出来。镜头二，越王回宫，不但耀武扬威，而且荒淫逸乐起来，于是，花朵儿一样的美人，就站满了宫殿，拥簇着他，侍候着他。都城中到处都是锦衣战士，宫殿上站满了如花宫女，这是多么繁盛、美好、热闹、欢乐！""真聪明！"我拍手称赞，"回答得细致、完整，彰显出了你全面的语文学习素质！"

紧接着，我又提出问题："可是这样的镜头现在都没有了，'只今惟有鹧鸪飞'，诗人表达的是一种什么样的情感呢？”

张熠文同学站起来：“老师，这是一首怀古之作，流露出对人事变化、盛衰无常的慨叹。”“很好，诗歌主旨理解清晰！”我还是肯定地评价并板书“人事变化、盛衰无常”。我继续总结性评述诗歌，“整首诗的前三句写昔，最后一句写今，结构十分特殊。七绝若要前后对比，一般要在第三句转折，第四句作结，两两相对。然而此诗却用三句写昔，一气直下，极力渲染越王昔日繁盛，末句突然转折，跌入今日之荒凉冷落，昔盛今衰之感极为强烈，故而后世传之。”

接着，我马上发问：“同学们，既然诗歌前三句写昔，最后一句写今，那么这首诗有什么样的写作特色？请选取最突出的一点回答。”

刘子阳同学回答：“这首诗歌一个突出的特色就是对比写作手法的运用。”

“是的，回答很准确！”我板书“对比”，然后继续总结，“诗人着重渲染的是昔日的繁荣（前三句），而以今日的凄凉反衬（末句）。第一句写勾践破吴，众所周知，勾践之所以能破吴复国，是因为他卧薪尝胆，奋发图强，而吴王胜利后却骄奢淫逸，自尊自大，胜负的教训可谓深刻。第二句写越胜吴后战士衣锦还乡的得意，这回轮到新的胜利者骄傲了。要问越军为什么这么快就忘了教训，且看第三句，原来宫中夜夜笙歌，勾践本人也认为可以高枕无忧了。第四句点题，揭示了在永恒的自然面前，历史上不可一世的胜利者是多么可笑可悲。李白在这里寄予了‘勿使后人而复哀后人’的深沉忧思。”

我又进一步强化：“这首诗首句叙述历史事件，选取他感受最深的一部分，即吴败越胜、越王班师回国的两个镜头来写，首句点明题意，说明所怀古迹的具体内容。二、三两句分写战士还家、勾践还宫的情况。只‘尽锦衣’三字，将越王及其战士得意归来，充满了胜利者的喜悦和骄傲的神情烘托了出来。‘春殿’衬上‘如花’，充分地表达出越王在胜利以后把过去的卧薪尝胆之事丢得干干净净了。结句一转，把上面一切全部勾销，现在人们所看到的只有几只鹧鸪在王城故址上飞来飞去罢了。至此全诗的主旨，写人事的变化、盛衰的无常，慨叹而出。”

我用多媒体展示这首诗歌的朗读，让学生们进一步体会怀古诗歌的情感然后概述：“李白的这首《越中览古》将昔日的繁盛和今日的凄凉，对具体的景物，作了鲜明的对比，使读者感受特别深切，对照极为强烈，前面写得愈着力，后面转得也就愈有力。为了充分地表达主题思想，前三句一气直下，直到第四句才突然转到反面，就显得格外有力量、有神采。这种写法，不是笔力雄健的诗人，是难以挥洒自如的，整首诗透露着历史兴亡的气息和宏大境界。”

布置作业

《越中览古》如此的经典，那我们再与李白的另一首怀古诗《苏台怀古》比较一下，进一步感受作者怀古诗的魅力。

越中览古

越王勾践破吴归，战士还家尽锦衣。
宫女如花满春殿，只今惟有鹧鸪飞。

苏台览古

旧苑荒台杨柳新，菱歌清唱不胜春。
只今惟有西江月，曾照吴王宫里人。

附作业参考答案：此两诗都是览古之作，主题相同，题材近似，都用了对比手法。但《越中览古》，着重在明写昔日之繁华，以四分之三的篇幅竭力渲染，而以结句写今日之荒凉抹杀之，转出主旨。《苏台览古》一首则着重写今日之荒凉，以暗示昔日之繁华，以今古常新的自然景物来衬托变幻无常的人事，见出今昔盛衰之感，所以其表现手段又各自不同。从这里也可以看出诗人变化多端的艺术技巧。

读边塞诗，品山海情

秦皇岛市第三中学　谢来达

高三复习，讲边塞诗的传统做法是，将知识点一一铺开，学生逐条学习，这样就不免要死记硬背，往往孩子们一路跌跌撞撞走下来，苦不堪言。加重了负担不说，也强化了学生对诗词鉴赏的畏惧心理。我常常想，能不能让芜杂的知识点，带着点人情味，带着点现场感，让学生身临其境地品一品，秀一秀，平静的湖面上，既然天光云影看腻了，就让它泛起点涟漪，是不是好点。想到就做，然后有了这样一节不一样的诗词鉴赏课。

铃声响起，几天来，诗词鉴赏常识的狂轰滥炸，我一朝面，已经嗅到教室里哀鸿遍野的气味。我让大家把导学案合上，顿时，几个调皮鬼感受到气氛的别样，支棱起耷拉的脑袋。我赶忙说："我们秦皇岛人，生活在燕山脚下，巍巍紫塞环抱，作为两京锁钥的山海关就在那儿傲然挺立，可是大家熟悉山海关的历史吗？"

历史课代表不遑多让，朗声道："清朝，呃，不，明朝洪武多少年（注：1381 年），中山靖王徐达（注：中山王，中山靖王是刘备的祖宗）奉命带兵到此地，精心设计了关隘节点，因其北倚燕山，南连渤海，故得名山海关。还得吹嘘一句，自唐、五代、明、民国历朝历代，此地始终是兵家必争之地，汉民族与契丹、女真、日寇在这里进行了一次又一次惨烈的攻防战，其中唐太宗、徐达、李自成、吴三桂这些烜赫一时的人物都在这儿驻防过呢。"下面一片啧啧之声，我问："这些冠绝一世的皇帝或将军都记得门儿清，连我们的城市名字都是秦皇岛，是吧？可是每一次战争是谁在阵前厮杀呢？"

大家七嘴八舌地说，“当兵的”“壮丁”“老百姓”，一个女生文绉绉地说：“边关战士。”

我点点头，说：“好，那么，这些边关战士都是土生土长的秦皇岛人吗？”

一个学生唯恐让他上阵般的，忙说：“当然不是，都是从全国各地来服兵役的百姓。”

我又道：“除了服兵役的，还有其他人吗？”

班里有名的机灵鬼，说：“还有服劳役的人，像孟姜女的老公就是来秦皇岛打工的，结果工亡，秦始皇还不给抚恤金。”大家哄堂大笑，我等笑声渐稀，郑重地说：“孤城、边关，金鼓、旌旗，戍边百姓曾经在秦皇岛这片热土上挥汗如雨、奉献青春，乃至抛头颅洒热血。这期间，无论是可歌可泣的铁血精神，还是一个普通战士的爱恨情仇，都是美好的，值得缅怀的。今天，让我们来共同学习反映这些内容的边塞诗歌，大家觉得好不好？”

学生们普遍着了道，纷纷点头。我暗自高兴，趁热打铁，说：“我们河北，自古多慷慨悲歌之士。大家都快要18岁，想象一下，你是古代的一个将要到山海关服兵役的男子，女生可以想象自己是服兵役者的妻子。”大家哄笑起来，七嘴八舌地把我打断了，我安抚了一下，接着说，“老师围绕他戍守边疆所经历的几个阶段设计了几个场景，每一小组负责一个场景，我会罗列一些诗词，小组从中选择你觉得切题的有感受的诗句，从战士的角度展开想象，谈谈你的心得体会，怎么样？”大家面面相觑，有点发蒙，但我把第一个场景投在幻灯片上，大家渐渐明晰了。

模拟场景一：惜别亲友

幻灯片展示：

1. 嫁女与征夫，不如弃路旁。结发为君妻，席不暖君床。暮婚晨告别，无乃太匆忙！君行虽不远，守边赴河阳。妾身未分明，何以拜姑嫜？（杜甫）

2. 老妪力虽衰，请从吏夜归。急应河阳役，犹得备晨炊。夜久语声绝，如闻泣幽咽。天明登前途，独与老翁别。（杜甫）

第一小组回答：“我们选取了杜甫的两首诗，想说明的是，虽然在边塞诗中也有‘风萧萧兮易水寒，壮士一去兮不复还’这样慷慨赴国难的豪侠之气，但更多的是普通人对生死未卜的前途的担忧，对亲人、爱人天涯两隔的愁苦，这种生离死别促使人们反思战争的目的、价值和意义。”

我竖起大拇指，补充道：“老师选了岑参的《碛中作》：‘走马西来欲到天，辞家见月两回圆。今夜不知何处宿，平沙万里绝人烟。’此诗描写作者辞家赴安西在大漠中行进时的情景，表达了作者初赴边塞的新奇之感和远离家乡的思亲之情。时代赋予同一事物以不同的基调和味道，同是唐代，在盛唐时节，岑参的离别是雄阔洒脱的，而杜甫在中唐之初所发出的就已经是一个王朝没落的悲歌了，大家要引起注意。大家一起看幻灯片上的第二个场景。”

模拟场景二：始至塞外

幻灯片展示：

1. 轮台九月风夜吼，一川碎石大如斗，随风满地石乱走。（岑参）

2. 雪净胡天牧马还，月明羌笛戍楼间。借问梅花何处落，风吹一夜满关山。（高适）

第二小组说：“我们选取这两首诗的理由是，在这一阶段，初到边塞的士兵，会暂时忘却离别的伤痛，战友的兄弟情会让他们惊喜，同时扑面而来的开朗壮阔的边塞风光与风格迥异的生活图景，会让他们兴奋不已。于是边塞诗人往往通过粗犷的笔触、厚重的色彩来表达出他们对这份苍茫雄浑的崇敬和喜爱，而随着时间的递增，这份激动逐渐会染上对边塞艰苦而单调生活的无奈甚至愤愤。”我尴尬地一抱拳，说：“在下没什么好补充的了，真心佩服诸位的见地，咱们看第三个场景吧。”

模拟场景三：激战归来

幻灯片展示：

1. 长驱蹈匈奴，左顾陵鲜卑。弃身锋刃端，性命安可怀？（曹植）

2. 黄沙百战穿金甲，不破楼兰终不还。（王昌龄）

3. 葡萄美酒夜光杯，欲饮琵琶马上催。醉卧沙场君莫笑，古来征战几人回？（王翰）

第三小组干脆利落，掷地有声，说：“我们选取了这三首诗，因为边塞诗围绕战斗的内容最多，其中最典型的就是盛唐边塞诗所表现出来的豪迈无畏。虽然是艰苦荒凉的边塞，虽然是有去无回的刀口舔血的命运安排，但我们还是能读到征人意气风发、快慰平生的壮志豪情，其本质是为国献身的爱国精神和必胜信念，是对建功立业的渴望，这是军心所在，是抗拒孤独、蔑视死亡的灵丹妙药。”我带头鼓掌，下面也是掌声雷鸣，我说：“大家渐入佳境了，真不知道下面会有怎样的上佳表现哦？大家期待第四小组的神来之笔！”

模拟场景四：戍期延迟

幻灯片展示：

1. 不知何处吹芦管，一夜征人尽望乡。（李益）

2. 浊酒一杯家万里，燕然未勒归无计。羌管悠悠霜满地，人不寐，将军白发征夫泪。（范仲淹）

3. 忽见陌头杨柳色，悔教夫婿觅封侯。（王昌龄）

第四小组说：“我们同样选取了这三首诗，如果说建功立业是部分有志男儿血气方刚的无悔选择，那么漫漫无期的戍边岁月，会把人的意志一点点磨钝，让人的信仰逐渐迷失。更何况，对妻儿老小的思念、惦记，会加重对边塞苦寒之地的厌恶，让原来的壮丽景象变得黯然失色，发现曾经的凌云壮志原来那样不可企及。”

我脸带阴郁，低低地回应道：“于是理想在此时破碎，丑陋的现实纷至沓来。”同时，我打出投影：“战士军前半生死，美人帐下犹歌舞。（高适）”然后布置学生现场讨论。

语文课代表，第一个站起来说：“这首诗揭露了军中苦乐不均，表达了对士兵们的深切同情。当战士的理想破碎，忍受着对家乡的思念，看到将帅高高在上，极尽享乐之能事，必然导致无法排解的愤慨，从而滋生对战争和国家的怀疑。”

我点点头，说：“我们再来看一个例子。”

投影：“行多有病住无粮，万里还乡未到乡。蓬鬓哀吟古城下，不堪秋色入金疮。（卢纶）”

边放投影，边慢慢地说，“这首诗作就不只是痛斥主帅的耽于兴乐了，诗人卢纶，借一个饥、寒、疲、病、伤的退伍军人形象，痛斥君主的穷兵黩武，草菅人命，展现了战争的客观性的一面，兴，百姓苦，亡，百姓苦，封建时代，政权的更迭，边境线的争夺，在历史上或许可以浓墨重彩地书写一笔，但背后却是人民所付出的惨重代价和无法弥补的对其身心的打击和戕害。”

没说完，下课铃就响了，但大家都没动，我很感谢同学们，简单地做了一个小结，说：“我从一个戍边的战士的角度，为大家还原他可能经历的心路历程，其目的就是把边塞诗常见的思想内容贯穿进去，让你们摆脱刻板生硬地去记忆知识点的困窘，从更加真实的切入点，实现对边塞诗的浸润和玩味。只是由于所设置的角度所限，以及课堂的时间关系，例如‘塞上长城空自许，镜中衰鬓已先斑’这样高级士大夫才可能有的怀才不遇、报国无门的情怀没有在模拟场景列出。”

最后，我说：“余秋雨先生曾说道：‘在欧洲，作为古代经典最醒目的标志，是一尊尊名扬天下的雕塑和一座座屹立千百年的建筑。中国历史上毁灭性的战乱太多，只有一种难以烧毁的经典保存完好，那就是古代诗文经典。’大家要好好珍惜它们。”然后，我在掌声中看似平静地走出教室，内心却好激动。

用源头活水涵养一鉴池塘

廊坊市第一中学 马芳芳

“问渠那得清如许，为有源头活水来。”知识不仅仅局限于书本上，你所接触的一切都可能变成你能用到的资源。所有的语文老师在被问到如何学好语文时，都在不断地强调一个学习方法——积累。学生们都懂得“不积跬步，无以至千里；不积小流，无以成江海”的道理。可积累学习的“世界观”建立了，“方法论”却迟迟没有成形。

初为教师的我虽经验甚少，但积累学习的观念在我心中早已生根发芽，我想这个方法一定可以帮助学生整合知识，提高成绩。带着一腔教学热情便付诸实施，我开始要求我的学生们每天积累。任务一布置出去，问题就来了，学生们睁着圆圆的眼睛问，“积累什么呢？”“积累多少呢？”我愣住，随口答道：“内容不限，篇幅不能少于半面。”心中嘀咕，给学生一定的自主安排空间，作业任务也不会太重。

第二天收上来的作业可真是五花八门，精彩至极。有简单抄写古诗词、名言警句、成语敷衍了事的，有抄写作文素材的，有写歌词的，有写自己最近感受的等等。看得我哭笑不得。虽说都完成了作业，但是积累的内容质量不高，半面的篇幅能留下印象的内容少之又少。如果长此以往去做积累，就如背着石头攀登，白白浪费精力却很难取得成效。

思考再三，我打消了直接规定规范如何写积累作业的念头。与其我直白地告诉学生去积累什么，不如让学生自己去主动发现去积累什么，该怎样积累。批阅完作业，我有“心机”地将积累本当中有亮点、优点的学生名单总结下来，让他们给大家分享做积累的经验，上一堂别开生面的“积累分享课”。

一上课，我便拿着一位同学的积累本念了起来："我们不必留恋过去所谓的好时光，那时候的生活充满艰难、危险和迷惘。我们也不必为当下所处的时代感到沮丧，这终将也会被称作过去的好时光。"学生们都竖着耳朵听，听我停了下来，急急地问："这是谁写的？"另一个也说："意味深长，戳中心中彷徨的疙瘩。"我接着说道："这是刘慈欣《白垩纪纪事》当中的话，纪庆云同学把它记在了积累本里，老师认为更精彩的在这里。"望着同学们期待的眼光，我接着读，"青春的时光是最珍贵的，如果想让青春无憾，定要抓紧眼下的光阴，永远留住我们的好时光。——关于时光的故事。"这些字是用蓝色笔写在摘抄的话后面，想必是她的所想所感。见我赞许的眼神落在她身上，她就站起来怯中露笑地说道："偶然看到这段话，就作为作文素材积累了起来，想起我们正在青春的好时光，就借着写了两句小感慨。"

"你的可贵之处就在口诵心惟，一边读，一边思考，并且还能把这些思想的火花收集起来，这些火苗终会被你炼成三昧真火，成为你写作的制胜法宝！"我趁热打铁地表扬了纪庆云。孩子们的兴趣更浓了，"老师你也看看我的法宝！"旁边猴子一样的钱晨拿起他的本子念了起来："官海浮沉录——表示授予官职的文言词（辟、征、举、拜、除）；表示罢免官职的文言词（罢、黜、免、夺）；表示升官职的文言词（拔、擢、升、迁）。""钱晨同学是'干货'倾情大放送，勤于梳理有助于知识消化。"我适时地总结了他的发言。

"苟利国家生死以，岂因福祸避趋之——林则徐；临患不忘国，忠也。——《左传》；人背信则名不达——刘向。"王子涵同学也念了她的积累。"要是能加上主题归类就更加清楚了，这几句是关于爱国诚信的名人名言。"别的同学补充道。越来越多的同学抢着分享自己的积累内容，其他的同学听完，自然而然地去评价分享同学的优点和缺点。

临近下课，分享会也接近尾声，我这时再抛出问题："同学们，我们究竟该怎样去写积累？怎样让你的知识既存得住，又拿得出？"孩子们七嘴八舌地开始总结："要坚持写积累，总会量变到质变！""摘抄要有自己的评析，名人名言要有主题意识。""也不能忘记基础知识的梳理。""还有经常要写写随笔。"就这样，没有冷冰冰的规定，没有苦口婆心的说教，学生们找到了自己写积累的"方法论"。

再次收上作业时很惊喜。积累本上多了很多批注，名人名言不是简单抄写就完事，而是加了分类批注，作文素材优秀作文摘抄都加了勾点圈画，加了分析，还有的同学写了随笔、个人感悟，独创名言。我整整批改了一上午，每一位同学似乎都通过这小小的积累本站在了我的面前，通过这个积累本架起了沟通的桥梁。认真总结归纳知识点的，我给他大大的鼓励，告诉他“万丈高楼平地起，一点一滴聚沙成塔！”。写了随笔的，我帮他找出优缺点，给出写作建议。告诉他只要你愿意写，老师就会认真看，只要你坚持写，一定会有进步。还有分享自己的烦恼趣事的，我也乐于去听去看，再写两句活泼的批语。在我看来这是一份信任，也是一份责任。

我亲身感受着学生通过自己的努力化茧成蝶的过程。我庆幸当时坚持让学生们坚持积累。它已经不简简单单是一个作业任务，更是一种与学生们的交流方式，一个能互相交心分享的小世界。

一旦学生的主动性被挖掘出来，学习就会变得简单起来。当你需要运用知识时，发现找得到拿得出，这就是积累的好处。有知识不断地输入存储的过程，才能保证知识持续输出。

积，谓之聚也；累，谓之堆也。知因聚而广，识因累而高。一切积累都是为了能更好地运用所学知识。让积累成为源头活水，伴着一路崎岖泠泠作响汇入语文的海洋。

经典如水，润物无声

秦皇岛市新世纪高级中学　杨喜娟

习近平总书记在十九大报告中提出：文化是一个国家、一个民族的灵魂。文化兴国运兴，文化强民族强。没有高度的文化自信，没有文化的繁荣兴盛，就没有中华民族伟大复兴。

语文课堂是传播优秀文化、激发文化活力的重要平台。我校在高二年级选修《先秦诸子选读》，旨在启发和引导学生陶冶身心、涵养德行，提高对我国文化传统和思想传统的认识，进而提升学生的语文核心素养。

期间，我的班级在进行《老子》选读时遇到了一点障碍，学生普遍反映阅读难度较大，感觉和经典有距离。的确，相比于《论语》温暖的对话，《孟子》生动的譬喻，《庄子》新奇的寓言，老子如歌如诗，不易理解。如何让学生觉得《老子》不再遥远呢？我先做了一个小调查，发现学生比较熟悉的《老子》中的内容就是“上善若水”，于是我决定进行一项主题拓展阅读，让学生到《老子》原文中寻找和“水”有关的内容，最后整理为《老子》三章，总题为“上善若水”：

其一：上善若水。水善利万物而不争，处众人之所恶，故几于道。居善地，心善渊，与善仁，言善信，政善治，事善能，动善时。夫唯不争，故无尤。(《老子》第八章)

其二：江海所以能为百谷王者，以其善下之，故能为百谷王。是以圣人欲上民，必以言下之；欲先民，必以身后之。是以圣人处上而民不重，处前而民不害，是以天下乐推而不厌。以其不争，故天下莫能与之争。(《老子》第六十六章)

其三：天下莫柔弱于水，而攻坚强者莫之能胜，以其无以易之。弱之胜强，柔之胜刚，天下莫不知，莫能行。是以圣人云："受国之垢，是谓社稷主；受国不祥，是为天下王。"正言若反。(《老子》第七十八章)

在导学案中，除了给出必要的注释，要求学生翻译句子、疏通文意外，我重点引导学生从文本出发，概括"水"的品格，并联系现实，搜集和水有关的名言和实例。

展示课上，同学们很快达成一致，分别从每段文字中找到一个词语概括"水"的品格——"不争""善下""柔弱"，并且总结出三段文字都是先交代水的特点，再讲修身、治国的道理。

联系现实的环节更是精彩纷呈。有专注于水的功用的：水能浇灌禾苗麦苗，长出的粮食哺育了人类；水能洗衣、洗澡，清洁了别人，不惜把自己变得污浊；水能饮用、做饭，但人们在面对一盘美味佳肴时却很少想到它；水能让空气保持湿润；水有观赏价值；水可以发电；水可以催生化学反应；水能载舟，有交通方面的功能……我顺势引导：水善利万物，但从不争功，因此老子说它"几于道"。同学们很快联想到《老子》选读课文中也探讨过"道"——企者不立，跨者不行，自见者不明，自是者不彰，自伐者无功，自矜者不长。其于道也，曰余食赘行，物或恶之。故有道者不处。而水恰恰是不自伐，不自矜，因此它最接近道。

有同学由水的"善下"联想到了"海纳百川，有容乃大"，又进一步联想到"邹忌讽齐王纳谏"的故事，邹忌通过妻、妾和宾客对自己与城北徐公谁美的回答进行反思，总结出"王之蔽甚矣"的结论，并讽谏齐王，希望齐王可以谦虚地听从他人的建议，这样的统治才会长盛不衰。放低自己，包容万物也是一种人生智慧。

有同学最欣赏水的以弱胜强，绳锯木断，水滴石穿，靠的正是一滴接着一滴的坚持；金以刚折，水以柔成；山无静树，川无停流；逝者如斯夫，不舍昼夜——孔子也曾受到水的启发，难怪"仁者乐山，智者乐水"……

我们身边最熟悉的事物竟然蕴藏着如此丰富的内涵，而老子用三个词语就把它们概括出来，多么精微凝练啊！

更让人惊喜的是，同学们还有一些新的发现：有同学从水的"清"谈开去——初唐诗人杨炯曾写下"朗如日月，清如水镜"；汉代郑崇的"臣门如市，臣心如水"，借水来比喻自己的清廉；《红楼梦》中贾宝玉的名言"女儿是水做的骨肉，男人是泥做的骨肉。见了女儿，我便清爽，见了男子，便觉浊臭逼人”，由水的洁净联想到女儿的纯洁……

直到下课铃声响起，还有同学意犹未尽。我顺势给同学们布置了一项作业——请以“人生如水”为题写一篇作文，并对同学们提出希望——吸取老子思想的精华，学习水的品质，做一个有“道”之人。

课后，同学们写出了这样的文字：

其一：这样的品格（不争）在古代士人身上表现得淋漓尽致。屈原“长太息以掩涕兮，哀民生之多艰”，杜甫“安得广厦千万间，大庇天下寒士俱欢颜”，范仲淹“居庙堂之高，则忧其民。处江湖之远，则忧其君”……

其二：清清泉水，细细长流，一不小心到了绝壁之上，没有回头的路可走，纵身一跃，气势磅礴，成就了“飞流直下三千尺，疑是银河落九天”的壮美之景。不管前方是悬崖还是巨石，也要朝着认定的方向前行，毫无畏惧。而我们在困难的巨石面前，却停下了脚步。滴水尚可以穿石，那我们为什么不能战胜巨石流向成功呢？

其三：水滴石穿，流淌的是一种坚持。做任何事情都要懂得坚持，只有坚持不懈，才能成就一番大事业。我喜欢跑步，一圈，两圈，每一次我都会很累，但咬牙坚持下去，我渐渐体会到这其中的乐趣，双腿有力了，疲惫没有了，烦恼消散了，从身体到内心，似乎都越来越强大。一切，坚持就够了。

文字虽稚拙，却包含着真诚的思考。至此，一堂主题拓展阅读课结束了。同学们在查阅资料、交流探讨、写作沉淀的过程中，加深了对文本的理解，也感受到先哲的智慧和经典的温度。这堂课让我更加深信：经典亦如水，润物细无声。

衡 中 行

秦皇岛市新世纪高级中学　张春岭

第一章　准 备

接到省名师工作室主持人姚老师的微信，要我准备一节高二的作文课，为首届河北省高中语文名师工作室联盟活动做公开课，地点是衡水中学

一时间，感到了一份兴奋，一份信任，更感到是一份压力。

上一节作文课，怎么上呢？那就发挥自己的优势吧，每年高考后我都写高考的下水作文，这次可以用上，名师工作室的成员要名副其实，是敢于下水的。这几年积累了几篇高考的下水作文，成了我的优势，这节公开课应该以这些下水作文为基础展开。

平时的作文讲评课，教师讲评学生的作文，对学生作文的不足，批评起来从不留情面——抄写不清楚，思路像乱麻，语言干瘪无味，主题三心二意。要是让学生评价一下老师的作文呢？对，就是拿出自己的下水作文，让学生评价，学生感受到我的作文的优点了，自然就可以借鉴吸收；认识到了不足，自然可以规避。让学生点评老师的作文，让学生在作文课上“报仇雪恨”，这个角度是不是独一无二的，就这么定了！

选择了我写的 2015 年和 2018 年的高考下水作文，让学生点评，两篇文章是不是有点多呢？又一想，衡水中学的学霸多，内容得多一点呀。只点评不行，课上还得有写作训练，于是在百度百科上复制了《翟天临学术门》一则，让学生进行点评，有读、有评、有写、有练，这节课就完整了。

学案设置完成了，还得预演一下，用新世纪高中高三的文科 7 班的学生试讲一次，

还请语文组的全体老师给把关一下。一讲之下，才知道四十分钟时间不够，于是语文组的同人们都帮着出主意了：

"只点评一篇更好。"

"点评《翟天临学术门》的环节很好。"

"先让学生打分，让他们说给分的理由。"

在语文组同人的帮助下，一下子我的思路全开了！

第二章　行程中

周五上午三节课，上完课，回到家里，胡乱地吃口饭，便打车去劝业场取维修的电脑。然后再去火车站。

高铁飞驰，模糊了窗外的春色，也压缩了时空。两个多小时就到了德州，半个小时后就到了衡水。

发条微信：上午上了三节课，下午马不停蹄，奔跑在春天里。

为这份忙碌配上春天的背景，劳累减轻了不少。

第三章　宾馆里

在一个叫阳光的宾馆里，拿到了 70 份学案，衡中的学子们提前一天点评了我的作文。

夕阳在山，饥肠辘辘，赶紧饱餐一顿。饭后，精心批改收到的导学案。将学生为我的下水作文打的分数进行平均，得了 53.13 分，好！我的作文在学生的眼里还是一类文。看了学生的点评，我发现学生点评可以归纳为三对立、两别致、一统一。三对立就是：论证是否深刻，行文是否有文采，题目是否恰当。两别致是：语言节奏感很强，读来朗朗上口；议论文的写作要体会出恰当的情感。一统一是：这篇文章的结构非常清晰，从情和理两个层面论述了中心论点。于是我决定对做好的课件进行调整，重点讨论三个相互对立的问题；学生展示两个别致的观点；简略处理一个统一观点。

同时我发现，我总结出来的议论文写作的几个方法，不便记忆，怎么让学生更好地记住呢？自己平时不是喜欢写近体诗嘛，何不用近体诗的形式来总结一下呢？于是在课件的最后加上了一章，写上了一首诗。

调整完成课件，已经凌晨时分，衡水城沉浸在一片子夜的静谧里，而我的头脑却分外地清晰了。

第四章　上课

3 月 23 日下午第二节课，衡中高二 788 班的同学们来到会场，用陌生好奇的眼光看着我，保持应有的距离感和陌生感。

我做了自我介绍后，就问了同学们一个课外的话题：你们相信缘分吗？相信的举手。大部分同学举手。我说：“百年修得同船渡——”学生立刻接过话题：“千年修得共枕眠。”我赶紧说：“你们不会有、不能有、有了也得消灭掉这千年的缘分，为了大学，为了将来。”同学们笑了，隔阂顿失，这为下一步师生间自由讨论营造了轻松自由的氛围。

“但是我们之间有上一节课的缘分。”我接着说。

“同船一渡，尚需百年，一节课的缘分就得 300 年，为了这 300 年的缘分，我们一起为河北省的语文名师奉献一节完美的作文课，大家有信心吗？”我用高八度的声音动情地说。

“有！”异口同声的回答里让我觉得这节课已经成功了一半。

我说：“我征得了《道是无情却有情》一文的作者同意，让大家点评这篇作文，同学们给它打了 53.13 分的高分，我告诉他，他的作文得到了同学们的认可。为了让同学们放开点评，我没有让他到现场，所以大家要放开说，在课结束后，他会到现场来给同学们见面。”我故意卖一个关子，设置个悬念。

我接着说：“同学们对这篇文章点评有三个对立，第一个对立：论证是否充分。卢佳琪同学说论证充分，我们请她谈谈。”

卢佳琪同学说：“文章的开头提出了观点：女儿对父亲的举报看似无情实则有情，然后从情、理两个方面展开论述，使用对比、引证、事理论证的方法，入情入理地展开，指出女儿的举报和处罚的背后是一个‘爱’字。如果我是陈先生，我是被说服了。”

“邱亚宁同学持有相反的观点，认为论证不是很充分。你可以说说理由吗？”我过渡一下。

邱亚宁说：“只是从情和理两个方面展开论说，论证的层次还是低了点，还是可以升华一下。”

“如何升华？”我追问。

邱亚宁接着说：“可否上升到家国情怀层面呢？”

“作文要求写一封信，是写给私人的，因此，调子不该太高，应该入情、入心。”有同学站起来与邱亚宁辩论了。

……

三个对立观点，激烈地交锋。在辩论里渐次清晰起来。

我接着问：“同学们提出了两个别致的观点，我们请两位同学分别展示分析一下。韩冰同学，你说文章的语言抑扬顿挫，那些语言让你感到抑扬顿挫呢？全班同学只有你注意到了这个特点，你可以给大家分析一下吗？”

韩冰答：“比如原文的第一段：开头是长散句，后面整短句，长短之间，节奏非常好。文章中间作者也注意到了节奏的变化。”

我赶紧接过话来：“同学们，文章的节奏不断变化才好，读起来才上口，比如我小时候学过一首歌《三大纪律八项注意》，这个歌曲只有一个节奏——革命军人个个要牢记，三大纪律八项注意……”我哼唱起来。这首歌没有流行，就是因为旋律过于单一吧。语言不是都是排比就好，都是对偶就得高分，而是要注意语言节奏的变化，整散句结合，长短句结合，让语言具有音乐的美感。

“马佳璇同学，你在这篇议论文里读到感情，哪些语句让你感到了作者的情感呢？”我转向了另一个话题。

马佳璇说：“通篇文章的字里行间都孕育着一种情感，劝人不是生硬地说教，而是娓娓道来。”

我说：“其实，我还看到了这样的一句：‘人生有此女，足矣！’文字里透着一份自豪感，有这样的女儿值得骄傲！其实议论文的写作，并不是冷冰冰的说理，适当的感情抒发可以增强文章的感染力。通过对这篇老师下水作文的分析，那我们写议论文要注意什么呢？”

一女生主动站起来回答：“题目要吸引人，结构要完整，要注意有文采，论证要深刻，适当引用增强文章文化内涵，注意语言的节奏。”

我说：“《论语》中说：‘质胜文则野，文胜质则史，文质彬彬，然后君子。’议论文写作中要文质兼顾，然后就可以成佳作。恰当地使用修辞，使语言有节奏感，构建严谨的结构，是属于技巧类，我称之为文；深刻的论证、深厚的文化底蕴和恰当的情感抒发，属于质，只有文质兼顾，才可以成为一篇佳作。”

常言道：光说不练是嘴把式，下面是我们阅读百度百科上的《翟天临学术门》，请你为这段文字写一个两百字的短评，做到文质兼美，时间是十分钟。

2019 年 2 月 8 日，因参演《心术》《白鹿原》的著名青年演员翟天临因在直播中回答网友提问时，轻慢地说不知知网为何物，其博士学位真实性受到质疑。随后，他在微博留言称“只是开玩笑”。翟天临工作室则表示，其论文由校方统一上传，预计将于 2019 上半年公开。

2019 年 2 月 8 日，四川大学学术诚信与科学探索网将翟天临列入“学术不端案例”公示栏，其论文查重率达到了百分之三十九，涉嫌抄袭；2 月 16 日下午，翟天宣布退出北京大学光华管理学院博士后流动站。2 月 19 日，北京电影学院宣布撤销翟天临博士学位，取消其导师博导资格。

——摘自《百度百科》（有删节）

十分钟后，三名同学读了自己的点评，这则材料，一个同学从社会公平的角度，一个同学从文化泡沫的角度，一个同学从诚信的角度，三个角度各有侧重，都抓住了事件的本质，博得了听课老师的认同。

我用幻灯片展示了自己的下水点评，和学生共同交流。

《论语》云：“人而无信，不知其可也。”翟天临论文造假、学术不端，论文查重率近百分之四十，这是失信于天下，势必造成其人设的崩塌。

诚信和谦虚，是中华文化的精髓，是中华传统的美德，更是安身立命的基石。翟天临就是这两个方面上栽了大跟头，教训之深，值得每个人借鉴！

最后，我做了总结：同学们，写好议论文要注意我前面讲的文和质的要求，为了便于同学们记忆，我用几句打油诗进行了概括：

赠衡中 788 班

一篇佳作重质文，拨云见日求本真。
修辞使用必恰当，结构清晰应真纯。
恰当引用文采好，课外阅读底蕴深。
文章千古不朽事，情真意切入人心。

第五章　下课

下课后，在付润华老师的提示下，我才意识到忘记告诉学生作文是我写的了，一股遗憾涌上心头。姚老师挑起了大拇指，但是我还是觉得她在鼓励我。当老师们在索要微信合影的时候，我才松了一口气，才感受到了付出终有回报。当复旦附中的黄玉海老师点评时，我心里有了一丝成功的喜悦。当呼君老师对我的课给予多次肯定时，所有的付出、劳累，都在那一刻被内心的欣喜所替代，付出终有回报啊！

返程的火车上，夕阳在山，高铁飞驰，我吟诗一首，发在了微信朋友圈里：

适逢春分日，三月下衡州。
精心磨一课，倾情献名优。
结识众师友，不做小学鸠。
杏坛逢盛会，求索永不休。

一切成功都是过去，从明天起，一切从头开始，在语文教学的路上继续探索，继续前行。

让教育生命充满阳光

秦皇岛市北戴河中学　王立鋆

现实生活中阳光普照，我们心情愉悦；教育生活如若每一天充满阳光，我相信我们行走在校园中一定也会心情大好！

我们不妨追问自己教育的阳光何来？我想，一个教师安身立命之所在，就是努力让自己的学生成为能够播撒阳光的“发光体”，进而让自己的教育生活充满阳光。

新课程改革给我们教师带来的新信息是多方面的，其中之一就是“备课时关注谁”的问题——是凸显教师的教育智慧还是凸显学生的生命体验，课堂的阳光（生命力）是教师散发的还是学生给予的。常态教育中往往我们苦恼于“这个知识点我讲了多少遍了，你怎么还不会？”我想，根源就在于知识是老师讲的，不是学生自己体会的。如果我们是十五六岁的孩子，学习课本中的这些文章，我自己能读懂多少内容、认可多少内容，这是决定作为教师备课的起点。

高中语文必修四第三单元《父母与孩子之间的爱》一文中有这样一段文字：“父亲总是挑选他认为最合适的儿子当继承人，也就是与他最相像，因而也是最值得他欢心的那个儿子。父爱是有条件的爱，父爱的原则是：我爱你，因为你符合我的要求，因为你履行你的职责，因为你同我相像。正如同无条件的母爱一样，有条件的父爱有其积极的一面，也有其消极的一面。”

针对这段内容，在教学设计中可以设置这样一些问题：

“请概括上面一段文字中体现的父爱的特点”；

“请分析这段话的主要内容”；

“请学生以三人为一小组，每组挑选文中得到自己认同或不认同的语句，联系生活实际（自己与父母之间的故事或了解到的他人的故事）进行讲解”。

我们能够看出这三个问题中前两个是教师在“置疑”，根据文本内容安排学生学习的重点，而第三个则是在全篇文章整体阅读的基础上由学生个人或小组展示自己的学习收获，课堂发言的过程就是自学或合作学习的结果汇报，渗透了学生对于所学内容的“质疑”。前者设计着重从“筛选文本信息”“对比父爱与母爱的不同”及“感恩亲情”这三方面体现了“教文本”，后者重在尊重学生的阅读初体验，实现了“用文本教”。

其实，无论是传统教学还是新课改都主张关注学生，我曾经认为在备课时只要自己设计了一些需要学生回答的问题并考虑好回答的顺序就是在“备学生”。其实并不尽然。如果学生带着我们教师预设的问题开始学习，这是教师在“置疑”即设置问题，而不是学生在阅读初体验之后的主动“质疑”。这两个词语虽然发音相同，可是实质却是天差地别。

第三单元所推荐的都是“有思想深度”的好文章，要求学生在品读之后“感到增添了某种向上的力量”。

我最终决定跳过基础知识这一环节，直接涉及文意筛选和探究，实行“用文本教”。将“学生”考虑进自己的备课，所以我确定这次教学设计的方向是教出理性、教会理解，使这个年段的学生从理性的高度把握文本内容并以此正确理解“成熟的爱”的标志、学会正确地评价自己，进而正确解读社会生活现象。

于是我进行了这样的教学设计：文本切入，请班里同学推荐一名写字比较好的同学到黑板上写下“爱”这个字；初识文本筛选信息，请学生挑选 2 ～ 3 个自认为重要的、能够体现主要内容或主旨的关键词，交流自己原始阅读收获；合作交流，个性解读，学生以三人为一小组，每组挑选文中得到自己认同或不认同的语句，联系生活实际（自己与父母之间的故事或了解到的他人的故事）进行讲解；解读社会，讨论“父母皆祸害”现象；拓展环节，请学生写 3 ～ 5 句话推荐这篇课文，交代清楚推荐对象、推荐理由。

这样的设计，课堂绝大部分时间由学生支配，我无从安排他们发言的内容和顺序。可是就是这样的设计，把课堂真正地还给了学生，充分张扬了学生的激情和个性，体现了学生的主体地位。学生分享了自己的成长故事，依据选文结合自己的成长体验评价自己的父母。以前面的选文为例，很多小组在自学和合作探究环节都关注到这部分内容。他们有的援引自己中考时家长陪考的瞬间，感悟亲情，反对作家的概括“父爱是有条件的爱”；有的点评自己父亲的性格，反思自己对于“父亲”角色的认识……这在我的预料之中，因为每个孩子在成长阶段，一个健康健全的家庭，让孩子感受到父母给予自己的都是无私的爱。可是为什么作者会这样做结论，难道是有失偏颇?

在学生与选文的碰撞之下，课堂教学或者说文本探究的价值就显现了出来。这篇文章是美国心理学家、社会学家、哲学家弗罗姆《爱的艺术》中节选出来的。《爱的艺术》一书阐述了爱并不是一种与人的成熟程度无关的感情，而是一种能力问题，是一门通过训练自己的纪律、集中和耐性学到手的一门艺术。在他的笔下，“成熟的人使自己同母亲和父亲的外部形象脱离，却在内心建立起这两个形象。把母亲的良知建筑在他自己爱的能力上，把父亲的良知建筑在自己的理智和判断力上。成熟的人既同母亲的良知，又同父亲的良知生活在一起，尽管两者看上去互为矛盾。如果一个人只发展父亲的良知，那他会变得严厉和没有人性；如果他只有母亲的良知，那他就有失去自我判断力的危险，就会阻碍自己和他人的发展。”

学生至此豁然开朗！

整个课堂，没有居高临下的指导，没有传授知识的理智，更多的是“孩子，你怎么看这个问题”的平等和尊重。因此，学生积极发言，他们彼此之间、我们师生之间交流不断，感动不断。我由此也逐渐形成了自己的教学方法，并以此设计了参加 2011 年市级优质课比赛的教学案例。

当我在秦皇岛市第一中学讲课结束时，学生下课时一一与我微笑告别，甚至一年后这个班的语文老师在市里教研时遇到我，还在感叹 :“王老师，你那节课上得太好了，我有一段时间都不知道该怎么教我的学生了。”

我想，不是我这节课“上”得太好了，是学生表现得太出色了。而我只不过设计了几个能够激发他们探究兴趣的问题，他们就给了我这样多的灿烂阳光！只要“目中有生”，尊重他们的阅读体验，学生自然也就会在属于他们的舞台之上绽放光芒，让每一个45分钟的课堂洒满阳光！

新课改一直主张教学应该“学生为主体，教师为主导”。既然是主体，我们作为教师一不能剥夺其亲身实践的权利，二不能忽视其生理和心理的特点。围绕着“生本资源”，关注他们的阅读基础、审美体验、性格差异等诸多要素，利用“文本资源”设计出最好的教学方案。

这一次对自我的反思与追问，让我对于新课改理念下的教学探索有了更深的认识。我也要用不断的反思为自己的教学活动散布阳光。

新课程改革已经开始很多年了，我们从理论层面学习了很多，但更多的困难来自一节又一节教学的实践。这世上没有比老路更容易走的路，也没有比安于现状更舒服的状态。我只是一个普通的一线教师，希望让教育生命充满阳光不是我们的空想，而是新课改给我们带来的美好未来！

梅花香自苦寒来

——《故都的秋》教学经历

石家庄市第二十二中学　袁 宁

经过两个星期紧张而又充实的准备，又经过一个星期焦急的等待，市级评优课评选活动终于尘埃落定了。没有了赛前的紧张，没有了赛中的兴奋，也没有了赛后的忐忑，静下心来，对难忘的经历总结一些感悟，进行一些反思。评优课真的是一个大炼炉，使我更进一步地理解了“梅花香自苦寒来”这句诗的深意。

准备伊始

刚刚拿到课题时,脑子很乱。《故都的秋》是一篇经典美文,经过长期的推敲分析,已经很难讲出新意，推陈翻新应该是突出重围的重要手段。所以在此后的一个星期内,我都在思考该如何安排才能有所突破。等课程备完,我发现,仍没有什么新鲜感。所以在教学设计中加入了拍摄电影的环节，却没有考虑这一设计的实际效果。

试讲修改

这个过程是难熬而又充实的，不断地试讲，不断地修改，有时甚至要把某些内容推翻重新设计。而这个过程也是最锻炼人的。真的要感谢我的导师贾老师，在我盲目地添加拍摄电影这一作秀环节的时候及时地制止了我，使我没有迷失在“只求形式，不讲内容”的旋涡里。她严厉地批评了我之后，还给我提供了一个精彩的教学思路。从这个事情中我得到了一些教训,那就是形式不管怎么变,都要为内容服务,徒有其表的课堂要不得,而且这个“表”未必能达到想象中的效果,很可能弄巧成拙。

此后的过程一直都很紧张，甚至到吃饭都要挤时间的程度，贾老师也是很辛苦，在晚上 12 点还在给我发有关课程设计的邮件，真的是让我很感动。当时我心里暗暗给自己鼓劲，就是强打精神也要把课备好，不能辜负了贾老师的一片苦心。经过一夜奋战，基本定稿。接下来就是完善细节，锤炼课堂语言了。当然在这个过程中，一些实际还是在不断地修改，以期达到最好效果。这反反复复地修改试讲，是对我的耐心和细心程度的考验。我也烦躁过、苦恼过，但我一直坚信“梅花香自苦寒来”，没有风浪的水面不是大海，没有历练的人生不算成功。

定稿成型

经过反复修改试讲，最终得到了一份完善的教学设计。这份教学设计有两个环节：其一，郁达夫的秋天；其二，秋天的郁达夫。先欣赏景，再了解人，符合学生的阅读规律，同时两个环节设计紧凑，整体感强，教学思路明晰。两个环节又各以环环相扣的几个问题构成，逐步深入地由景到情地引导学生欣赏文章。在欣赏过程中有朗读，有合作探究，有生生评价。而且朗读又分为初读、悟读和美读等层次。可以说，经过各位老师的反复修改，本教学设计思路清楚，重点突出，各环节过渡自然贴切。特别是在欣赏过程中能引导学生理解深层次的内容，使郁达夫的人格魅力得到升华，这是本设计的一个亮点，最后又以一首藏头诗完美地结束本堂课的学习。所以我认为这样一份教学设计已经是相当精彩的了。

正式比赛

正式比赛，自然是很紧张的。过程就不再赘述，只谈赛后的领悟和感受。感受最深的一点是，在讲课前要充分地了解学生，了解学生的知识储备和能力素养，这样才能做到有的放矢。在这次授课过程中，我对正定中学学生了解不多，估计不足，学生回答问题准确精彩，所以课程进行得很快，加之经验不足，提前三分钟下了课。在以后的教学中要多备学生，提高自己随机应变的能力。当然不断增加自己的知识储备，提升自己的语文素养也是很有必要的。

赛后余温

比赛刚刚结束，带着赛后余温，再次走进课堂，有了不一样的感受，也有了不一样的想法。我明白了教学设计是根据课程标准的要求和教学对象的特点，将教学诸要素有序安排，确定合适的教学方案的设想和计划。所以，任何环节的设计都不能只注重是否“好看”，是否“够热闹”，要真正符合文本和学生特点，以学生为中心。“以学生为中心”的观念源于美国儿童心理学家和教育家杜威的“以儿童为中心”的观念。杜威主张解放儿童的思维，以儿童为中心组织教学，发挥儿童学习主体的主观能动作用，提倡在“做中学”。将“以儿童为中心”的思想进一步运用于中学教育就成为今天所提倡的“以学生为中心”的思想了。同时，教师授课不能一成不变，学生不同，授课方式也要随之改变，这也是“以学生为中心”的一种表现，否则就会出现课程节奏把握不准的情况。通过此次历练，我的思维更灵活了，课堂更活跃了。“梅花香自苦寒来”，我就像经历了一次蜕变一样，教学思想和方法有了很大变化。看着学生们积极踊跃的状态，我感到自己真的学到了很多。而这些宝贵的思想和经验将一直引导我做出更大的努力，取得更好的成绩。比赛不过是人生历程上的一个节点，这个节点的好坏固然重要，而为这个节点所做出的努力以及在这个过程中获得的感悟可能比这个节点还要重要，它们是提升自身能力的重要条件，是追寻更高目标的基础和动力。因此这个过程所带给我的思考要远多于比赛本身。今后的教学之路不管有多少坎坷，有了这次的经历，终将会被我一一越过。我坚信这条道路将越走越宽。

授人以鱼不如授人以渔

——教《旅夜书怀》有感

廊坊市第八中学　杨书玲

宁静的夜晚，万籁俱寂，一轮圆月高悬于天际，我静坐于电脑旁边，手指轻触鼠标，心情十分忐忑。期末联考成绩出来了，年级主任将成绩发到了邮箱。我小心翼翼地打开了邮箱，下载了文件包，解压文件，找到了廊坊八中理科 301 班的语文成绩，深吸一口气，打开文件，细细地看着一个个表格中的一个个数字，这可是我们半个学期的心血呀。表格看完了，我的心情也变得轻松起来，语文年级前 10 名，我们一个普班竟然进了 3 名同学，这是多么大的进步呀，想一想，期中考试的凄惨景象，就好像昨日刚发生的事。

两个月之前的期中考试，成绩一出，301 班教室哀鸿遍野，气氛凝重，一个个如泄了气的皮球，全班语文成绩没有一个“一本”，成绩最好的杨凯同学在班级排名第 101 名。于是，我赶快根据成绩单，挨个找同学谈话，谈理想，谈人生，告诉他们“胜败乃兵家常事”，不要太在意；另外，我还准备了大量的练习题，准备大量地刷题，从而提高他们做题的熟练程度。

第二天就是我的语文早读，我迅速地洗漱完毕，风风火火地往学校赶。初冬的早晨，天还未亮，寥落的晨星不停地向我眨着眼睛，寒风呼啸，我不禁打了一个寒战。到了班级，我打开大门，开亮了教室的灯，端坐于讲台，迎接我的弟子们……

同学们陆续来到了教室，我把准备好的诗歌鉴赏题迅速地发给他们，要求他们在半个小时的时间里完成 5 道诗歌鉴赏题，这可是这次丢分最严重的地方。半个小时的时间过去了，卷子收上来一看，同学们做得一塌糊涂。看着眼前的卷子，我陷入了沉思，我发现，同学们最大的问题是不懂诗歌的中心，所以导致了诗歌其他的题型都无法做好。

经过一天的准备，我决定以《旅夜书怀》为例子，帮助同学们掌握鉴赏诗歌中心的方法。

伴随着优美的音乐，教室前的大屏幕上播放着一幅沙画作品：一条大江滚滚向前，岸边小草随风飘摇；大江之上，一叶扁舟随时都有被浪头打翻的危险，船头，一位瘦削的诗人倒背双手，凝神看着远方。渐渐地，一轮新月高悬于天际，漫天的星星充满了整个屏幕。同学们沉浸于这优美的视觉享受中了。

我问同学们，沙画画面可以用哪两句诗歌描绘？“细草微风岸，危樯独夜舟。星垂平野阔，月涌大江流。”同学们异口同声地说。我说：“对了，今天我们欣赏杜甫的《旅夜书怀》，请同学们大声地朗读一遍好不好？”

旅夜书怀

细草微风岸，危樯独夜舟。
星垂平野阔，月涌大江流。
名岂文章著，官应老病休。
飘飘何所似，天地一沙鸥。

读完之后，我顺势问他们说：“沙画也欣赏完了，诗歌我们也读完了，请问同学们，你们读出杜甫在这首诗中要表达的情感了吗？”

有的同学对着我不停地摇头，有的则小声说：“孤独。”还有的说：“自由。”……我提示同学们说：“同学们现在再认真地读一下诗歌的前两联，结合刚才看到的沙画，能不能试着思考一下本诗前两联描写了哪些意象？”题的难度降下来了，同学们的积极性就有了，他们七嘴八舌地说：“细草、微风、江岸、危樯、舟、星、平野、月涌、大江。”我鼓励他们说：“对，不错，大家总结得太好了，那你们再试着在脑海中想象一下这是一幅什么样的画面呢？假如自己处在这样的环境中你们会有什么心情呢？”短暂的思考之后，已经有同学举手了。首先回答问题的是课代表李云，他说：“我觉得这个画面很开阔，在开阔的背景下，我的心情应该是舒畅的。”学委杨凯有些激动地站起来说：“我同意李云同学画面开阔的观点，但是我觉得大晚上一个人处在这样的环境中还是有些寂寞和孤独的。”平时比较活跃的王丽同学也参加了讨论：“我同意杨凯同学的意见，处在这样的环境中，人一定是孤独的，因为诗歌里也有体现。”我抓住时机立刻追问：“你觉得诗歌里有体现，在哪句诗中体现的呢？”“危樯独夜舟！”好几个同学脱口而出。“对，一个‘独’字体现出了孤独，同学们找得很准，诗中还有体现吗？”我追问道。“飘飘何所似，天地一沙鸥。”同学们异口同声地说。我接着问道：“杜甫是因为什么而孤独呢？”同学们又开始争论了，有的说是因为处在这样广阔无边的环境中，有的说是因为自己独自一人。这时，有个同学小声说：“人在旅途！”我顺着声音看过去，是平时不太爱说话的杨丽英同学。我说：“请杨丽英同学解释一下，你从哪些地方看出是人在旅途？”杨丽英同学站起来说：“题目是《旅夜书怀》，而且课下注释显示唐代宗广德二年（764年）春天，杜甫携家人再次回到成都，给严武做节度参谋，生活暂时安定下来。但不料第二年四月严武忽然死去，他不得不再次离开成都草堂，乘舟东下，在岷江、长江一带漂泊，这首诗是杜甫乘舟行经渝州、忠州时写下的。通过这两点我觉得杜甫的孤独来自他的漂泊无依。”别的同学听完杨丽英同学的解释，也纷纷地点头。于是我总结说道：“《旅夜书怀》这首诗表达了诗人杜甫漂泊无依的孤独之感，请同学们有感情地朗读一下这首诗，让我们再次品读《旅夜书怀》，从而走近诗圣杜甫！”

同学们饱含感情地朗读完之后，我又顺势问道：“你们只是读出来孤独吗？还有别的感情吗？同学们可以小组讨论一下。”

短暂的讨论之后，有同学举起了手。我让坐在前排的李玉回答。“怀才不遇，壮志难酬。”李玉答道。我用询问的目光看着同学们。同学们纷纷点头。我又转向李玉：“从哪儿看出来的？”李玉不慌不忙地说：“‘名岂文章著，官应老病休’两句是杜甫发牢骚的两句，表面看来是说自己的名声不是因为写文章而来，官职倒是应该又老又病而被辞去，实际是表达了自己不被重用的苦恼。”我赞许地说：“同学们的鉴赏能力提高得真快呀！现在我们总结一下《旅夜书怀》这首诗的中心思想，请同学们一起回答一下。”“《旅夜书怀》表达了诗人漂泊无依的孤独和壮志难酬的苦闷之情。”同学们异口同声地回答。

我提议让同学们再次有感情地朗读本诗。

朗读完毕，我非常认真地对同学们说：“我们分析了《旅夜书怀》的中心思想，但是我们在课外要遇到很多诗歌，所以，我们必须总结出一定的方法才行，所以，请同学们好好回忆并总结一下，咱们刚才是怎么得到《旅夜书怀》的中心的？”

“分析关键的词句，比如‘危樯独夜舟’的‘独’字；‘飘飘何所似，天地一沙鸥’体现了孤独；‘官应老病休’表现了壮志难酬。”

“分析题目，‘旅夜书怀’，一个‘旅’字可以体现孤独。”

“背景提示，背景显示诗人失去了朋友严武，漂泊异乡。”

“前两联的意境也可以给我们一些提示，意境如此开阔而宁静，作者的一叶扁舟，多么孤独无依。”

同学们热情十分高涨，纷纷交流着自己的心得体会。我最后做出了课堂小结：

掌握一首诗的中心思想需要考虑以下几个方面的因素：

（1）读：背景、题目、作者；

（2）分析意象、意境；

（3）找到重点词、句。

我鼓励同学们说：“都说一首诗的中心最难把握，我们今天总结出了方法，就等于把握了鉴赏诗歌的钥匙，不如我们试一试这把钥匙好不好用，怎么样？”同学们纷纷摩拳擦掌起来。于是我用课件展示了两道题，请同学们利用总结的鉴赏诗词中心的方法，鉴赏以下两首诗的中心思想。

客　至

杜甫

舍南舍北皆春水，但见群鸥日日来。

花径不曾缘客扫，蓬门今始为君开。
盘飧市远无兼味，樽酒家贫只旧醅。
肯与邻翁相对饮，隔篱呼取尽余杯。

与夏十二登岳阳楼

李白

楼观岳阳尽，川迥洞庭开。
雁引愁心去，山衔好月来。
云间连下榻，天上接行杯。
醉后凉风起，吹人舞袖回。

注：此诗是肃宗乾元二年（公元 759 年）秋，李白遇赦回江夏至岳阳时所作。李白登楼赋诗，留下了这首脍炙人口的篇章。

同学们思考片刻之后，纷纷举手。

“《客至》表达了诗人因客人到来之后的喜悦之情。”

“《与夏十二登岳阳楼》表达了诗人流放遇赦的狂喜之情。”

我故作惊讶地问同学们：“你们怎么这么快就有了答案？根据什么？”

“《客至》的题目给了我们提示，《与夏十二登岳阳楼》的背景注释‘此诗是肃宗乾元二年（公元 759 年）秋，李白遇赦回江夏至岳阳时所作’给了我们提示。”

一节课就这样过去了，我通过这节课有了很深的感悟，我们在讲课的时候，不仅要着眼于课本内容，而且要着眼于方法的总结，让同学们提高解决问题的能力。

思绪回到眼前，电脑屏幕上那一个个凝聚着我们心血的数字让我既激动，又感慨：授人以鱼不如授人以渔，教授给学生解题的方法要渗透到教学中的每一节课中。

我和学生谈爱情

秦皇岛市新世纪高级中学　张春岭

一个周四，讲授高中语文必修二第二单元的《氓》。《氓》是《诗经》里的一篇关于爱情的诗歌。我在本课的导学案的最后设计了一道探究题：诗歌中的女主人公对爱情和婚姻的选择给了你怎样的启示？你可以说说你的爱情观吗？此题设计目的是利用十几分钟的时间对学生进行情感、态度、价值观教育，特别是爱情观教育。

谈论探究开始时，我的心里没有底，让学生在课堂上讨论爱情观会不会羞于出口呢？可是探讨的过程却出乎意料的热烈。

一个女生率先发言了："《氓》中的女主人公的爱情和婚姻告诉了我这样的一个道理，作为女性对待爱情要清醒，要理智。女主人公对待爱情矜持、热情、诚恳。即便如此，女主人公仍然没有摆脱婚后被抛弃的命运。可见婚姻是爱情的坟墓，我渴求一份浪漫的爱情，但是我拒绝这个埋葬爱情的'坟墓'。"这宣言般的发言，使得课堂静悄悄的。大家都在思考着……

我趁机总结，她说爱情是婚姻的坟墓，其他同学认可这一点吗？

"我不同意！"一个女生开始反驳了，"我们不能因为作品中的女主人公婚姻的失败而否定纯洁爱情的存在，而将爱情和婚姻对立起来，我始终坚信，爱情是美满婚姻的基础，那些包办的婚姻，有几个是幸福的？而那些不以婚姻为目的的爱情，不是浪漫，而是耍流氓！"

此时教室里响起了掌声。

"我不否认爱情是婚姻的基础，我也同意对待爱情要冷静理智。"一个男生站了起来，“但我认为，爱情应该建立在事业有成的基础之上，事业成功了，才去觅得一份美满的爱情，因为婚姻需要以一定的物质为基础，事业有成，爱情才稳固，婚姻才会长久。基于此，我反对在事业无成时，谈情说爱，而在高中阶段恋爱则更是可笑之极。”

“爱情需要一定的物质基础不假，但不等于说只有有了事业才可以谈论爱情。婚姻是一份缘分，爱情就是为了发现这份缘分。人生苦短，青春易逝，我首先声明我反对早恋，但是在青春日子里，寻求一份爱情有何不可呢？难道事业不成你就不结婚了？”一位高大的男生为了捍卫爱情不从属于事业的观点，掷地有声地发言了。

此时掌声再次响起。“就是，爱情又不是犯罪。”“早点嫁个灰太狼有什么不好！”……学生们七嘴八舌，各抒己见。

我觉得是时候了，于是说：“你们愿意听听老师谈谈爱情吗？”

“想——”伴着掌声和略带起哄的笑声。

“我赞同第一位同学说的对待爱情要冷静和理智的观点，爱情是一份崇高的人类情感，需要清醒、理智对待。而婚姻是不是爱情的坟墓则要视情况而定，因为婚姻需要经营，经营好了，不但不是坟墓，而是美好生活的避风港。”

此时教室里静悄悄的。我接着说：

“我赞赏同学们的反对早恋的态度，也希望你们在高中的阶段言行一致，做到不早恋。虽说爱情是美好的，追求爱情是我们每个人的权利。但在你们这样一个青涩的年纪，去寻找所谓的爱情，这份爱情一定是青涩的，结局可能是苦痛的。在该谈婚论嫁的时候，我们再去摘那个成熟的爱情之果，收获一份甜蜜的爱情，岂不更好！”

“我明显地感觉到在后面的辩论中，班级里分成了两个阵营：一个是先事业后爱情，一个是先爱情后事业。同学们将事业和爱情对立了起来，我们为什么不可以将其统一起来呢？其实爱情和事业是相辅相成的，一份伟大爱情可以促成一份伟大的事业，一份伟大事业又彰显出了一份伟大的爱情，周恩来、邓颖超夫妇、梁思成、林徽因夫妇就是其中的典范啊！老师希望你们在大学毕业以后，也能够将爱情和婚姻高度统一起来，经营出一份伟大事业、一份伟大的爱情！”

“当然爱情和婚姻都需要一定的物质基础，而在商品经济的社会里，似乎物质很重要了，票子、房子、车子一个都不能少，也有了干得好不如嫁得好的论调。但我始终认为，无论男女，在爱情上应该追求一份平等，就像诗人舒婷在《致橡树》中说的那样，‘我必须是你近旁的一株木棉，作为树的形象和你站在一起’。平等人格是幸福的基础，千万不可为了物质的享受，接受一份庸俗的爱情。这一点上我们要学习本文的女主人公。”此时教室里响起最热烈的掌声。

下课了，我反思这节课，觉得这个论题设计还是成功的，在初中进行青春期教育基础上，在后青春期的高中阶段，对高中学生进行爱情观的教育是非常必要的。有了正确的价值观作引导，学生的行为就偏不了轨道。对待早恋，避而不谈是逃避，四处围堵更泛滥，只有恰当地引导才是正道。

我为宝钗鸣不平

秦皇岛市第六高级中学　吴炳淑

本学期，我在经典诵读社团开展《红楼梦》整本书阅读活动有一段时日了，同学们和我交流的话题也越来越多。有的关注《红楼梦》中的诗词文化，有的探讨作者对作品中人名的别具匠心，有的学生对贾府的饮食文化深度地研究并付诸实践……那一天，一位女生捧着《红楼梦》来到我身边，认真地对我说："老师，您说宝玉娶宝钗时，黛玉离恨而死，这确实很让人可怜，大家更同情她。但是，我觉得对宝钗来说，也不公平啊！"

听到她的个性化解读，我没有急着回答她。而是让她先说说怎么不公平了。她恳切地说："老师，我觉得婚姻应该是人生大事，可是宝钗为了给宝玉冲喜，就要牺牲自己的幸福，她失去的一点也不比黛玉少。但是，为什么贾府上下，尤其贾母和宝玉，似乎对黛玉的死更悲痛呢？"看到我们在这里讨论得很热烈，社团里的其他同学也围了过来，参与了讨论。

其中一位学生羞涩地说："我觉得应该从作者创作的意图来考虑，这原本就是带泪的姻缘，作者塑造的贾宝玉和林黛玉才是真正相爱的一对。"之后，他顿了顿。"继续往下说。"我鼓励他。"我认为，从还泪之说来看，宝黛相遇原本就是不对的时候遇见了对的人，不对的时候应该他们没有遇到对的家长、对的社会，在封建社会'父母之命，媒妁之言'大背景下，人们都走不出这个思维的怪圈。封建家庭的家长们，根本不去考虑年轻人是否两情相悦，只要有利于家族兴旺与发展，按照他们的标准来选择未来的儿媳、女婿。毕竟，宝钗在贾府上下是备受欢迎的，她和黛玉相比，更懂得左右逢源，单就经常劝宝玉读书，宝玉根本就不买账，说她是‘好端端一个清白女子，也入了国贼禄鬼之流’；我认为这也正是这个封建大家庭把宝钗作为首选的原因。这个表面风光的豪门贵族，也是如履薄冰，他们急需要后继有人，更需要后代能扛得起家族发展责任的真男人。”

那个最先提出问题的女生，顺势接过话题：“那照这么说，从作者写作意图来看，是想通过宝玉和黛玉的爱情悲剧，来揭露封建家长们对青年男女的爱情的漠视，批判封建家长对年轻人思想的禁锢与羁绊。”她看了看我，又看了看同学们，深吸了一口气，说：“从主题来看，我们可以判断作者笔下的黛玉更应该值得同情，但她比宝钗幸运啊。她得到了宝玉的真心，她活出了自我。宝钗到了贾府，从‘宝塔尖’式的贾母，到丫鬟、老仆，错综复杂的关系，她都处理得妥妥当当，对宝玉也是真心真意。到头来，只落得宝玉疯疯傻傻、神志不清的时候，在家长们的导演下被糊涂地嫁过来。在宝玉考取功名遁入空门后，她独自承受着失败的婚姻带给她的凄苦生活。从这一点上来看，我觉得这对于灵秀温婉的宝钗来说，就是不公平。她也应该有得到幸福的权利呀！”

这时，一个女生点了点头，又若有所思地说：“我觉得这也应该算是作者创作的意图吧，对于这样一个封建家长眼中的完人，不也遭受了婚姻的失败吗？对于为宝钗鸣不平，我也想说说自己的看法。我觉得这种结局一方面是封建家长们把孩子们当木偶，按照家长们的意愿导演了孩子们的人生，原本是主角的林黛玉，却被薛宝钗调包了。这一点上宝玉、林黛玉和薛宝钗都应该是受害者。但是，另一方面，我觉得宝钗明明知道宝玉和黛玉真心相爱，偏要明里暗里横刀夺爱，这样的结局也算是她咎由自取了。”她看同学们有的赞成，有的疑惑，就接着说：“我在读《红楼梦》的时候，特别喜欢琢磨每一回里面的诗词佳句。当看到‘空对着，山中高士晶莹雪；终不忘，世外林姝寂寞林’时，我为表面纨绔的宝玉对黛玉的真情而点赞。宝钗是他们两人爱情历程中的一个笑话、一场闹剧，不管她有多优秀，但是她当初动的心思就不对头。”听到痛快处，同学们不由自主地鼓起掌来，期待她接着说，有人接茬询问：“怎么不对了？你是说她是第三者了？”这个女生首肯地点点头，神秘兮兮地说：“这个我有证据。我记得宝钗写《临江仙·柳絮》词中有这样几句诗‘韶华休笑本无根。好风凭借力，送我上青云’，暗示了她一心希望博取主子欢心，争取登上‘宝二奶奶’的宝座，挤进上流阶层的想法，如果说古代普通男人读书是为了‘学而优则仕’，女人或凭姿色或凭才学成长为人情练达的‘淑女’，是为了‘好风凭借力，送我上青云’，嫁入豪门贵胄人家。从这一点来说，古人封建家长制禁锢出的爱情观是狭隘的。”

这时，一个男生用调皮的眼神环视了一下同学们，轻咳了一声，说道：“听了大家的发言，我觉得都很有道理。咱们看书不能只看书里的内容，要再进行一下联想啊。其实，和《诗经》中《氓》里面的女主人公相比，黛玉确实是幸运的，宝钗不管多努力争取，即使黛玉死去了，最终宝钗还是以失败告终。现实生活中，那些第三者也是遭人唾弃的。所以，我说从封建家长制对宝钗婚姻生活的摆布来看，是值得同情，但从她自已对待爱情的做法，不能为她鸣不平，对现代人也是有借鉴意义的。”

社团活动临近结束的时候，我诚恳地对同学们说：“同学们，封建社会家长们对孩子们的婚姻处理方式是草率的，他们的爱情观是充满功利色彩的，不是建构在个性解放与尊重当事人意愿的基础之上的。其实，爱情是人生中美好的情感和经历，如果恋爱动机充满功利化，就会像宝钗一样，到头来饱尝心酸与苦楚。正如同学们所说，要在对的时候遇到对的人。什么才是对的时候呢？下次社团活动，我们接着讨论。”

一道人物形象题引发的一点思考

唐山市曹妃甸区第一中学　李晓雪

在刚刚结束的月考试卷中有一篇名为《北京·南京》的小说，其中第五题问道："小说中的老歪是一个什么样的人物形象？请简要分析。"

这道题看似简单，却在学生中引起了不小的争论。他们各执一词，争论不下，甚至有同学质疑答案的合理性。看着他们争论，我心里暗自高兴，因为理不辩不明。可同时又觉得有些无奈，为什么这样一道简单的题，却夹杂着他们个人浓浓的主观色彩，却让我们产生了深深的忧虑。

为了方便学生思考，我让两个学生将他们自己的答案板书到黑板上。

学生甲写道：

（1）爱孩子，为孩子着想。不找后妈怕孩子受苦，此外还怕给孩子增添负担，他们工作时拒绝去城里。

（2）传统封建。按照农村阴阳先生的话没去参加婚礼，认为不孝有三，无后为大。

（3）不在乎职位，女婿是老板，老歪对此不以为然。

学生乙写道：

（1）脾气倔强，思想保守，不愿意给两个孩子找后妈，认为儿子、女儿不生孩子是不孝。

（2）关爱子女、无私伟大。又当爹又当妈，把儿女拉扯大。

（3）为儿女着想，整洁爱面子。为了去儿女那里，收拾干净自己，穿上新衣服。

书写一结束，一女同学迫不及待地站了起来，主动承担学生甲的答案点评工作，她认为学生甲答案中第三点“不在乎职位，女婿是老板，老歪对此不以为然”一定不是标准答案里的，而且分析也没有说服力。第二点说明老歪传统封建，她觉得也不准确。我顺势问她：“为什么这样说？说说你的思考。”“这一点与小说要着力表现的主旨内容不符，‘不在乎职位’，不是作者反复强调的重要内容，这篇小说的主旨应该是父亲对子女的无私关爱却换来了子女对父亲的日益疏远，具有很强的现实意义，而老歪‘不在乎职位’只是细枝末节。”同学们纷纷点头，以示认可。我又问道：“在这里是不是有哪个词用得不太准确？”同学们注意到“不以为然”应该改为“不以为意”。再看这两个同学的答案，觉得哪些点跟小说的主旨没有直接关系。赵洁同学认为整洁爱面子，“为了去儿女那里，收拾干净自己，穿上新衣服”，对表现主旨作用不大。答案中提到老歪“倔强”,理由是不肯再娶妻子。他不太认同。文中说“老伴走的时候，两个孩子还小，儿子六岁，女儿三岁。当时，亲戚朋友都劝老歪再找一个,说孩子没妈不行。老歪那时还是小歪,挺倔的,说啥也不找。他说，有了后妈，不一定是孩子的福气”。从文本来看不肯娶妻子的理由是出于对孩子们的疼爱。答题时将倔强与疼爱孩子分成两点强调没有意义。

我们在思考如何去概括人物形象时，一定要考虑我们概括出这一点或几点是否是作者要着力刻画的点，也就是是否与小说的主旨相契合。“除了要与主旨贴合，要在情节发展主线之上外，我们还要考虑什么呢？”

还要考虑主要人物的身份，在一篇小说当中作者一定会赋予这个人物以一定的特殊的身份，比如父亲、教师、法官、商人、农民等等。写到父亲，可能就要写到他是如何对待、教育自己的子女的，写到老师就可能写到作为老师，他又是如何对待教育工作，怎样对待他的学生的等等。我顺势启发学生关注老歪的身份，学生很快答出，他是一个父亲，一个独自一人把孩子带大，爱孩子、为孩子着想的无私的父亲。“除了父亲这个身份外，同学们还知道老歪有别的身份吗？”我话音一落，学生欣润很快反应过来，说他还是妻子的丈夫，还是一个农民。“这两点有主次之分吗？”我立即追问。学生皱了皱眉，摇了摇头。很多同学在概括老歪形象时，都写到“爱妻子，对妻子的感情很深，不肯再娶，抱着妻子的照片痛哭流涕”。也有很多同学写到他是一个淳朴老实、没见过世面的农民。“你们更倾向于哪一种？”

同学们一致认为，淳朴老实、没见过世面的农民这一形象塑造能更好地突出主旨。一个地地道道的农民，单凭一己之力抚养一儿一女，儿女成才都在外地工作，老伴儿去世多年，这样一个独自一人在农村寂寞生活的空巢老人，无人倾诉。老人孤寂的晚景和内心的失望痛楚，引人深思，让人痛心。无私的付出换来的竟是两张貌似有情、实则无情的火车票。农村空巢老人的意义远远胜于一个爱妻子的男人。所以在两个身份之下，突出他淳朴、没见过世面的意义远远大于爱妻子、与妻子感情深这一点。

甲同学第二点中提到他“传统封建。按照农村阴阳先生的话没去参加婚礼，认为不孝有三，无后为大”。很多同学在答题时都关注到这一点，当老歪得知儿媳妇没怀上孩子，儿子甚至不想要孩子时他冒出个想法：“这还了得，不孝有三，无后为大，得去好好数落数落儿子。”当女儿嫁了一个不比他小几岁的男人，给两个孩子做后妈，并且不肯要自己的孩子时，他又坐不住了。“这是为了表现他的传统封建？”我放慢了语速，意扬同学对此表示赞同，儿子结婚不参加，原因是“老歪恰好当时刚参加过本村的一个葬礼，按农村阴阳先生的说法，不宜再去参加婚礼”。子贤同学随即起来反驳道：“我们觉得文章着实提到了这样的句子，但是，我们试想一下，他的悲情结尾难道是由他的封建造成的吗？如果不是，那封建迷信又有何意义？无外是在农民身上常有的一种思想罢了，不能作为作者塑造老歪时的主要形象。”子贤同学为我们提供了一个很好的思路，我们在思考某一形象特征时，需要考虑笔者对这个人物的情感态度、好恶，切不可将自己的主观情绪放入其中，而对文本中反复铺垫之处视而不见。每一点答案的梳理要用两个词概括，并分清主次，这一切的前提是一定要尊重文本，尊重笔者。

梳理情节、把握主旨，抓住人物的主要身份职业，明确主次，尊重文本、尊重笔者的情感态度是我们合理且有效完成人物形象概括的前提。外在内在并举，身份职业、生活习惯不可忽视，心理状态、精神品质更要突出。不仅要抓住个性特征，而且更要在个性中找到共性，从人物活动的社会历史背景来理解人物，理解其社会意义。也只有这样我们才能梳理出精致的答案，而不是全凭主观感觉。我将答案梳理，并展示了出来：

（1）疼爱孩子，为了儿女不惜牺牲自己的幸福（好父亲形象）。

（2）没见过世面、勤劳朴实（农民形象），一个人含辛茹苦地将两个孩子养大成人，却连县城都没有去过。

（3）隐忍寡言、孤独寂寞（空巢老人形象），老伴儿去世多年，儿女都在外地工作，独自一人寂寞生活。

一个细声细语的学生站起来向我们阐述她的理解，她觉得小说中的女儿是为了成全儿子，儿子是为了成全女儿，同时也是在成全父亲。她这几句话一抛出，就在课堂上炸开了锅。部分同学赞同他的说法，认为子女是好心，是出于对父亲的考虑，是对父亲的一种成全。更多的同学则认为儿女自私至极，冷漠无情，居然这样对待一个疼爱儿女、无私的老父亲。我为后者叫好的同时，更为前者担忧。如果这件事恰巧发生在他身上，他也不是没可能这样做。如果成全某某人，却要以伤害老父亲的方式，将生活在农村的孤独的老父亲推来推去，这种成全又是多么的虚伪。换言之，如果我们是这个老父亲，是否也会从儿女的推来推去中感受到幸福或是温情。文中写道“当天晚上，老歪捧着妻子的相片喃喃自语：我实指望到时带上你去城里逛一逛，现在不可能了。我决定了，哪儿也不去，就在家守着你。说罢，老歪那沟壑纵横的脸上淌满了泪水”，这句“沟壑纵横的脸上淌满了泪水”，让多少人也为之流下了热泪。

孙奇逢在《孝友堂家训》中写道：“古人读书，取科第犹为第二事，全为明道理，做好人。”而在现代生活方式下的儿女，又有多少不是表面上关心老父亲，而骨子里对父亲却冷漠且不负责任。不明道理，不会做人，成人成才又有多大意义？联想到老歪那一双儿女，联想到那位在动车上面对80岁患病老人依旧不肯让出座位的女大学生；读着那近四成支持女大学生不让座，口口声声高唱“拒绝道德绑架”的无思想、无道德、无良知的文字，凝视着眼前这一个个唱空调、唱高调，据“理”力争的年轻人，让我们感觉不到他们为人应有的温度，甚至从中还能隐隐感觉到在现代城市生活环境中，年轻一代传统美德的丧失。做人没温度，家就不会有温度，更别提人与人之间会存在温情。如果语文教学不能改变人的冷漠、自私，不能让每个学生变得温暖，如果我们不能在教好课的同时，给予学生正确的道德的引领，帮助学生学会做人，如果年轻一代人身上看不到传统美德的光辉，那么我们的语文课就是失败的，我们的教育就是毫无意义的。学生不明做人之理，不懂做事之法，又怎么会答好题、写好文章呢？即使一时得了高分，又有何意义呢？

明乎理，更要践于行。空谈道德，最终只能是人人皆无道德。语文承载着育人功能，育人也注定是一种潜移默化的行为，将立德树人融进每节语文课的教学中，在文本的解读中、在理性的逻辑思考中为当代青年扣好人生的第一粒扣子。

一清一静一悲凉

廊坊市第八高级中学　李丙哲

时光回转到 1934 年 7 月，郁达夫不远千里从杭州经青岛去北平，从久居的江南赶到北平，专程感受秋的自然，从审美的角度来体察故都秋景，用美来诠释故都的自然景观与人文景观。他的生命历程中有过许多悲苦和忧愁，但他的意志没有消沉，依然怀着一颗追求真善美的心灵。当他再次饱尝了故都的秋味，用清新淡雅的语言书写出了唯美主义的散文《故都的秋》。在作品的字里行间，不难看出郁达夫精致品味和感悟，他一扫旧有文人多愁善感的无病呻吟，笔下的秋以“清、静、悲凉”作为贯穿全文的情感主线，用北国的秋景浓色与厚味和南方秋色的淡色与浅味相对比。整篇文章 1600 多字，运用了 40 多个“秋”字来描写故都的秋，用一清一静一悲凉来书写故都秋天的色彩，感悟秋的气韵，细细品来，方能体会一种“泪眼问花花不语，乱红飞过秋千去”的滋味。一椽老屋，一树落蕊，一丝秋雨，一株衰草，一声虫唱，非但没有使全文枯燥无味，反而让文章体现了郁达夫散文的独特风韵。

“故都”是作者笔下的地点，作为帝王之都，本身就带有深厚的人文底蕴，同时饱含作者深沉的眷念之情，“秋”是孤独的，蕴含着一份深沉，自带自然风景。在作者笔下缓缓而出的，是那主观苦涩的“品味”与客观的景物描写有机结合，是一清一静一悲凉的独特风韵。那份雅致非故都皇家宫殿楼宇、园林轩榭所能比，亦非故都郊野众多优美风光所能企及，他依照一个普通文化学者的眼光来审视和体悟故都之秋。他笔下的秋色、秋味、秋意、秋姿、秋韵都带有主观色彩，充满了忧郁而优美的情怀，带给读者的那是一份独特、细腻而又深刻的感受。这也许就是郁达夫这个具有平民倾向又饱含颠沛流离之苦的读书人所独有的。

感秋可生喜，亦可生悲。一清一静一悲凉是故都北平的秋在作家意念上的总投影，它是文章的基调和底色。也许有人会问：纵观全文，作者着意是颂秋，但是作者开头却涂上了一层悲凉的色彩，是否有违生活的逻辑？而我认为一清一静一悲凉正是秋色本身一种美的表现，自然界的万事万物无不带有自身的某种色彩，作者眼中的故都就应该有一清一静一悲凉的意蕴。刘勰《文心雕龙·物色》中说："春秋代序，阴阳惨舒，物色之动，心亦摇焉。"人之情感顺应万物的变化，春景让人愉悦，唤起欣喜之感；暮秋让人感伤，遂起悲凉之意。这种感情色彩的投射在作者笔下就是:秋天，无论在什么地方的秋天，总是好的;可是啊，北国的秋，却特别地来得清，来得静，来得悲凉。

故都的秋带着一"清"而来，那是清净的，清闲的，是一种清爽、清楚，清中还带着奇。作者笔下秋的早晨，开始庭院读秋，那是"很高很高的碧绿的天色，听得到青天下驯鸽的飞声"，还有北国槐树的落蕊，铺得满地的似花非花的，"扫街的在树影下一阵扫后，灰土上留下来的一条条扫帚的丝纹……"而秋的傍晚，也是别有一番"清"的滋味，到处都是树的树底下和到处都是矮屋的墙根底，都能听到"秋蝉的衰弱的残声"。更显得"奇""有味""更像样"的，那是故都的秋雨，那何尝不是一番秋雨洗清天啊："在灰沉沉的天底下，忽而来一阵凉风，便息列索落地下起雨来了。一层雨过，云渐渐地卷向了西去，天又晴了，太阳又露出脸来了……"北平平民共话秋凉也是一道别致的清闲风景，雨过天晴，他们用缓慢悠闲的声调议论着秋雨秋意："可不是吗？一层秋雨一层凉啦！"作者先景后情、景中寓情，闲闲散散地让读者体味到：的确，故都的秋，特别地来得清。让人毫无察觉，又让人真切体知，它是味道十足的，清清爽爽的，带着一种秋的姿态能让人看饱、尝透、赏玩十足。而南方的秋，只能感到一点点清凉，秋的意境和姿态，总看不饱，尝不透，赏玩不到十足。它像半开半闭的花，又像微醺的酒，处于模糊和朦胧之中。

故都的秋自带一"静"，那是一份安静，又带有一份宁静，这份静蕴藉在极细微柔软的落蕊里，于无声处；这份静蕴藉在息列索落的秋雨中，于无意间；这份静蕴藉在清晨的一碗浓茶里，细数漏下的时光；这份静蕴藉在牵牛花底，用着色来点缀“静”的疏密得体、浓淡相宜。其实故都的秋一清一静是水乳交融、不可分割的。你看那很高很高碧绿的天色，你听那青天下驯鸽的飞声。作者不再用带有“秋”色标记的陈词滥调，而是用一清一静来表达秋姿秋色、秋味秋韵，作者回忆中一掠而过的是“陶然亭的芦花，钓鱼台的柳影，西山的虫唱，玉泉的月夜，潭柘寺的钟声”等故都盛景，他的切入点放在了故都的每座低矮的家屋内外，街道两旁的槐树下，高高的天空里。一清一静清新典雅，一清一静“物”“我”“主”“客”完美统一。

故都的秋最打动人的是“悲凉”，如果把一清一静看作郁达夫的正面感受，那一悲凉好像就是一清一静后的转折，这种悲凉已经脱离了故都赏景的心态，而是作者整个的人生感受，为了谋生，他辗转千里，颠沛流离，饱受人生愁苦，如今终于回到故都北平，多重复杂情感涌上心头，怎一个悲凉了得?

立观中国古代文人笔下的秋大多是“悲寂寥”的，无论是屈原的“袅袅兮秋风，洞庭波兮木叶下”，杜甫的“玉露凋伤枫树林”“万里悲秋常作客”，还是王国维的“苦觉秋风欺病骨，不堪宵梦续尘劳”。他们耳听秋风萧瑟，目睹秋叶凋零，内心自然一种悲戚之状。这种传统文人的悲秋情结在郁达夫笔下得到了很好的传承。

一悲凉一深沉，北国槐树的落蕊而有了“梧桐一叶而天下知秋”的遥想，素雅的牵牛花底下陪衬的是“几根疏疏落落的尖细且长的秋草”，这正是郁达夫内心弥漫的悲秋情结；秋天到，树木凋，才听到了“秋蝉的衰弱的残声”，秋风起，秋雨“息列索落地下起来了”，这是故都秋天的味道，这更是一个文人联想到自身的悲哀而作出的注脚；中国文人如此，外国诗人又何尝不然，归结出深沉意识的感触。

闲人秋叹，那是一份深沉；柿枣映秋，那是一份悲壮。天地之间，或出现一两只灰色的驯鸽，地上点缀些蓝色或白色的牵牛花、淡绿微黄的枣子，这是在表达偏爱的色彩，更是在物化一悲凉的心境。落蕊扫街留下的扫帚丝纹，竟会潜意识下觉得有点落寞的悲凉。我们不妨这样说，悲凉的心绪正是特定时代在郁达夫心灵上的投影。

南方的秋和北方的秋迥然不同，虽然也有清、静、悲凉，但是“特别”却不足为说。作为郁达夫来说，他无疑是更熟悉南国的秋天，却觉得南方的雨太多太平常，南方要到郊外或山上才能见到秋蝉和蟋蟀，南方的秋只有一点点的“清凉”，“草木凋得慢，空气来得润，天的颜色显得淡”。但他饱尝北国之秋，把千家万户中的秋姿、秋声、秋实、秋意加以神韵着笔，我们感到的是秋味之浓，回味不已。

一清一静一悲凉，清中有静，静中见清，清静中有悲凉，悲凉的外在表现即为清静。一片平民家院和普通街道上的所见之景，那是故都平民和不得志的作者生活状态的一个侧影，郁达夫深受中国文化的浸润，把普通人生活用审美来点染，把赏景体验和感悟用文学来抒写，把古今中外赏秋诗文用人文关怀来积淀。这是何其可贵！这又是何其厚重！

郁达夫是爱故都的，他爱故都的人民，爱故都的秋天，但这份爱融入了一清一静一悲凉，融进了故都的以至北国的秋中，作者直言：“秋天，这北国的秋天，若留得住的话，我愿把寿命的三分之二折去，换得一个三分之一的零头。”性情之语，闲笔作结，深情无限。地有南北，情有深浅，深深眷恋，浓浓秋语。正是那一份“特别”，正是那一清一静一悲凉才有了故都特有的秋味。

北国秋天的碧空，郁达夫给为我们带来了一清一静，我们徜徉留恋故都秋色；北国秋天的街道，郁达夫给我们带来了深沉，我们经历洗礼，款款柔情使内心丰富而充盈。

“同中求异”品红楼

——《红楼梦》导读教学叙事

秦皇岛新世纪高级中学　张　楠

《京都竹枝词》有云：“开谈不说红楼梦，读尽诗书也枉然。”《红楼梦》是我最喜爱的名著之一，正如王国维评价那般，是“宇宙之大著述”，具有无穷的艺术价值。

《红楼梦》之精深，成年人要阅读都有一定的难度，何况阅历及认知能力有限的高中生呢？这就需要教师做好引导。在指导学生阅读时，不可操之过急，不可一股脑儿地把什么都教给学生，应有的放矢，给学生提供一种确切的阅读方式，引导学生找好角度阅读名著。我这堂课提供给学生一种“同中求异”的比较阅读方法。为了能与学生共同学习探讨这部“宇宙级”文学巨作，我把《红楼梦》中最热闹与最有趣的两个情节提炼出来，分别是“元妃省亲”和“刘姥姥进大观园”，供学生进行比较阅读分析。课前，我将《红楼梦》第十八回“隔珠帘父女勉忠勤 搦湘管姊弟裁题咏”和第四十回“史太君两宴大观园 金鸳鸯三宣牙牌令”打印出来，作为助读资料提前让学生阅读。

课堂上，我首先带着学生进行了一个热身活动，我为学生创设了一个情境：“假设下期图书漂流活动邀请你做《红楼梦》的人物推介人，你将如何推介贾元春或者刘姥姥？”学生们纷纷举手回答。他们通过之前的阅读与预习，基本上都能结合人物身份、性格特征，运用修辞写出一段颇有文采的人物推介语。接着我链接高考，提升问题难度，让学生从写作方法和角度方面思考，总结归纳出如何写出一篇优秀的人物推介语。通过几分钟的小组讨论，L 同学回答：“一篇优秀的人物推介语，可以从人物的外貌、举止、性格、身份地位与经历的角度上来介绍。”我表扬了 L 同学与 L 所在的小组，继续询问 :“还有哪些人物推介的角度与方法？” Y 同学发言 :“我认为要把在人物身上发生的事件写出来。”他已经有些方向，但没能表达清楚内心所想，于是我进一步引导 :“是要把人物经历的所有事件全写出来吗？写事件的目的是什么？” Y 回答 :“不是，写出那些有代表性的事件，写事件是为了突出人物性格。”于是我们共同总结出了在人物推介的写作方法上要突出人物的性格。Z 同学接着补充 :“我认为还可以用对比的手法，而且语言要凝练，富有文采就更好啦。”“Z 同学总结得非常到位，加上其他两位同学的总结，一篇优秀人物推介的写法指导就此诞生啦！这不是老师告诉你们的答题模板，是同学们一起总结的哦！”学生们脸上露出了得意而满足的神情。

学而不思则罔，以往我上课都会直接将答题思路和方法给学生，让他们直接去运用，答题效果往往欠佳。这次我没有提前将答题方法展现在 PPT 上，而是通过学生总结、我做板书的方式将学生思考讨论的成果进行展示，并且没有提前准备固定答案，学生写到哪儿我忠实记录到哪儿，这样不仅能够加深学生对知识点的印象，更摆脱了倾灌式教学模式，化老师为导师，鼓励学生勇于探索，做课堂的主人。

接下来，我进入正题，将“同中求异”的比较阅读方法提供给学生，通过提问，学生了解到“同”是指两回故事的发生地都在大观园,而“异”在故事的主人公不同，一个是贾元春，一个是刘姥姥。我在导学案上绘制了一个表格，上面分为身份地位、贾府态度、情绪氛围、人物结局四个对比点，使学生在研读文本时有抓手。考虑到文本过长，课堂时间不够，我将对比点分配到各组，前四组分别探讨四个对比点，余下两组进行补充。十分钟后，各组陆续将讨论答案填写在我课前在黑板上画好的表格中。在邀请学生展示答案时，我强调一定要紧密结合文本，对比不同时要加上助读材料中的事例。学生们“功力”深厚，基本都能够准确地在资料中找到能自圆其说的论据，小组内通力合作，小组间相互补充，不久就将表格全面完成，小组展示时也能够充分结合文本，举出实例。

之后，我将课堂主题进一步升华，引向对幸福观的探讨。我追问学生 :“纵观这个表格，你们觉得像不像贾元春与刘姥姥各自的人生缩略图呢？”学生们表示赞同。我接着说："说到人生，人们常说人生要有幸福感，那么你觉得这两个人谁的幸福指数更高呢？"这是一个开放性问题，经过对二人的对比，学生对贾元春和刘姥姥的人物形象更加熟悉，大家跃跃欲试，纷纷举手抢答。K同学率先发言："我认为元春的幸福指数更高，因为她深受宠爱，身份高贵，受到家里人的尊重和爱戴。"X同学起立反驳道："我不同意K同学的观点，我认为刘姥姥的幸福指数更高。我数了一下，在第十八回中，贾元春一共哭了六次，她年少进宫，饱受苦肉分离之苦。而刘姥姥知足常乐，能逗人开心，十分宽容大度，我认为她更幸福。"S同学补充观点："虽然贾元春在皇宫地位高贵，享受锦衣玉食，但是她在宫中会跟别人钩心斗角，没有刘姥姥的闲适自由，所以刘姥姥更快乐！"

我将学生们的答案整理成了板书，并对他们说："刚才同学们的发言都颇有见地。有人肯定刘姥姥的自由闲适，却不满她贫贱低微；有人羡慕元春锦衣玉食，却感叹于她丧失自由……其实，幸福哪里能够比较呢？"同学们露出疑惑的表情。我接着说："张爱玲说过，人生像是一件华丽的袭袍，上面爬满了虱子。人生本就是有喜有悲、跌宕起伏的。大仲马说，'幸福就是一双鞋，合不合适只有自己一个人知道。'几米说过，'一个人总是仰望和羡慕着别人的幸福，一回头，却发现自己正被仰望和羡慕着。其实，每个人都是幸福的。只是，你的幸福，常常在别人眼里。'那么我想对大家说：无须艳羡他人，只需做最好的自己！这样，你就能够成为那个最幸福的你自己！"我停顿一下，笑笑说："所以，从人生的长河中看，二人都是幸福的……"同学们若有所思……

课堂最后，我告诉学生，其实《红楼梦》中还有许多栩栩如生的人物，都可以运用比较阅读的方法去探究，比如：同是贾母嫡亲孙女儿的迎春和探春，或者同是宝玉房中丫鬟的袭人与晴雯，她们或多或少也存在着相似与相异之处，日后，大家可以用比较阅读的方法，带着问题去读红楼，从而一解其中滋味……

名著导读课在语文教学过程中常常被忽略，长文短教不易，让学生在短时间内从了解到喜欢阅读名著更是难上加难。"授之以鱼，不如授之以渔"，因此，我提供了一种"同中求异"的比较阅读方法，成为学生打开阅读名著之门的钥匙。

在这堂课上，我致力于开发学生的创造性潜能，发挥学生的课堂主体地位。在新课标下激发学生学习的主动性是教师需要掌握的必备技能。教师要善于激发学生的学习兴趣和调动学生的生活体验，这样才能够把语文教“活”、让学生“活”得明白、“活”得幸福，富有生活的智慧。

知人论世《一剪梅》

廊坊市第一中学　刘思芳

伴着下课的铃声，教室里还回荡着《月满西楼》的歌声，同学们还没有从李清照的《一剪梅》中“才下眉头，却上心头”的诗句中走出来。这节课我和同学们一起回到了“一代词宗”李清照的身边，一起去感受了女词人浓浓的相思之情。回到办公室，我还在为同学们有那么精彩的表现而激动不已。

这节课安排在下午来上，开始在上课之前还担心他们下午可能注意力会差些，上课的铃声响起，走在楼道里的我还在想怎么能调动他们的情绪，害怕这节课的效果不好。我一走进教室，同学们已经坐好，“起立上课”，我站在讲台上，板书——《一剪梅》李清照。

我们以前曾经学过一首《如梦令》，同学们还记得这表现的作者什么样的心情吗？回答道“愉快、快乐、无忧无虑”，我们仿佛看到一位无忧无虑的花季少女泛舟湖面、嬉戏打闹的场景。然而随着年龄的增长和生活的变迁，女词人还能一如既往地快乐吗？带着这个疑问，让我们一起走进李清照的《一剪梅》。

这首《一剪梅》还是表现作者那种愉快、无忧无虑的生活吗？不是，是“愁”，为什么呢？

班里的活跃分子王圣杰说道：“因为词人的丈夫赵明诚外出求学，作者思念丈夫，所以愁。”

我说：“回答得非常好。那么，通过了解作者的创作背景来鉴赏诗歌的方法叫什么呢？”

大家一起说道："知人论世。"

对，那么什么叫"知人论世"？

一向学习认真的王纪舒站起来回答："在欣赏、吟咏古人的诗歌作品时，应该深入地探究作者的生平和为人，全面了解他所生活的环境和时代，与作者成为心灵相通的好朋友。"

回答得非常正确，看来同学们预习得不错。那么我们怎样运用"知人论世"的鉴赏方法来鉴赏诗歌呢？了解作者生平背景，注意收集后人对她的评价。

那现在，我们一起来了解一下李清照的生平。请大家看屏幕。

屏幕展示：1084—1155，宋代著名女词人，号易安居士。

婚前婚后都生活在书香世家，其父李格非是苏轼的学生，其夫赵明诚是著名的金石考据家。李清照夫妇雅好辞章，常相唱和。

1127年，靖康之乱，李清照随家颠簸南下，后来丈夫病死，李清照亡国继以亡家，余生孤苦，郁郁而终。

以南渡为界，前期词写天真烂漫的少女时代和极尽相思之苦的思妇情结；南渡之后国破家亡夫死，其词风大变，转为凄苦悲怆、哀婉动人。

现在，我们就用刚才所学到的知识来鉴赏《一剪梅》这首词，这是女词人初婚不久，思念外出做官的丈夫赵明诚而写。刚才的《如梦令》是李清照少女时期的作品，表现的是她的少女情怀，台下石雨桐补充道"还有一首《如梦令·昨夜雨疏风骤》也是她早期的作品，我在这里插了一句："那里面有一句：知否知否，应是绿肥红瘦，大家知道表现的作者什么情感吗？"施普华接着说道："是对青春易逝的伤感之情。"台下有同学一脸茫然，施普华说："这里的'绿肥红瘦'是跟前面的'雨疏风骤'呼应的，绿肥是说叶子经过雨水的洗礼更加饱满了，而海棠还经过一夜的骤风已经凋落了，这里的'红'有象征意义，象征着作者美好的青春年华。"台下好几个同学点头认同。然后我讲到今天的《一剪梅》也是她早期作品，只不过比之前的两首《如梦令》稍晚一些，是她与丈夫赵明诚结婚之后的作品，这一环节就是我们诗歌鉴赏要做到知人论世，先了解诗人的创作背景，夫妻两人结婚之后聚少离多，所以这是一首表达"对丈夫思念的诗歌"。

接下来进入诵读环节，首先，石雨桐给大家范读，石雨桐读得字字含情，同学们报以掌声。然后我又要求大家齐读，效果稍差，我最后点出："大家在读的时候要注意女词人情感的起伏，最后'才下眉头，却上心头'，要读得慢些，要将女词人那种挥之不去、绵绵不断的愁思读出来。"

赏析上片"红藕香残玉簟秋"，问大家"这句在整首诗里有什么作用？"我补充"红藕指荷花，玉簟指凉席"，首先站起来的是李霞同学，她说："交代时令，是秋天，秋天给人一种悲凉萧瑟之感，所以奠定了整首诗的感情基调。"那除此之外还有没有其他的呢？王奥烁同学补充："荷花凋谢也象征着青春易逝，红颜易老。"我特意表扬了他。施普华紧接着问道："有什么表现手法？"下面一下安静了，没人发言，我提示说"这句是景色描写，但也流露出作者的伤感之情"，大家一下茅塞顿开，齐声说道"情景交融"，我点头微笑。"轻解罗裳，独上兰舟"，注意"独"，说明作者有意派遣愁绪，登上兰舟，可"独"字就看出作者的愁绪并没有排遣掉。讲到"月满西楼"，大家一下想到诗句"人有悲欢离合，月有阴晴圆缺"，更进一步感受到李清照自己独居，与丈夫两地相隔的无限思念之情。

赏析下片"花自飘零水自流，一种相思，两处闲愁"，"闲愁"在整首词中有什么意义？"词眼！"几个同学喊道，没错！我在这里插入一个问题"李清照的一生作品很多，表现愁绪的也很多，都是一种愁绪吗？"给大家两分钟的思考时间，请小组间讨论。讨论很热烈，你一言，我一语。站在台上的施普华同学也没闲着，他在板书着"知人论世"四个字，我一下很兴奋，我的学生终于学以致用了，之前给大家讲到这一单元诗歌鉴赏用到的方法，在他的提示下，同学们的答案也出炉了——李清照的作品应该分两个时期来看，以南渡为界，早期，表现少女情怀的《如梦令》，还有结婚之后，表现相思之苦的《醉花阴》《一剪梅》；晚期表达的是对丈夫赵明诚死后的哀愁《声声慢》，国破家亡的无限伤感。同学们能有这样的表现，也令我很意外，为他们的表现，我竖起大拇哥。

最后说到这首词的抒情手法，最后一句"此情无计可消除，才下眉头，却上心头"。提示抒情手法有两种：直接抒情和间接抒情，大家一起说道"直接抒情，也说直抒胸臆"，那前面呢？"间接抒情，借景抒情"。大家的思维一直在线。抬眼一望时钟，马上要下课了，点开了《月满西楼》这首曲子，一节课就在这首曲子中结束了，我相信李清照这位女词人的形象在他们的脑海里应该更清晰了。心里为孩子们的进步窃喜着，感谢孩子们这一段时间里燃起的鉴赏诗歌的热情，还有感谢自己敢于放开手让他们自己去领悟。

“读”出来的“哲理”

——由《囚绿记》主题探究引发的归纳思维训练

唐山市曹妃甸区第一中学　高永利

阅读是人类获取知识的重要途径，这是被广泛认可的道理。

作为语文教师的我，从自己的教育实践中我更加感受到与自己的学生一起阅读是人生的一件乐事。因为有阅读才会有分享，而分享能够使我与孩子们有共同的话题，正是因为有了共同的话题，才能走进孩子们的心灵世界，与孩子们一起成长。

从上一轮的课程改革以来，在语文教学过程中我一直坚守这一个固定的栏目，每周都要用两节课的时间和学生一起阅读，隔周再用一节课进行读书心得分享交流。

在阅读和分享的过程中，我和孩子们曾就书中的人物形象、事件情节等开展讨论，评判人物是非得失；也曾从书中走出来，联系现实生活中的热点事件发表自己的观点看法；也曾把书中的人物事件与自己的生活相联系，谈人生、说理想、话未来……在与孩子们的阅读分享中，度过了一段又一段的美好时光。

记得三年前的高一年级第一学期，在一次读书分享活动中，我以南开大学徐江教授在《新作文》杂志 2009 年第 10 期上发表的《让读的“荒漠”变“绿”：从“表现”追问“表现性”（一）——关于〈囚绿记〉常规教学的批判与重解》的文章为参考，与同学们分享了关于《囚绿记》主题的理解过程，使同学们提高了对文章主题的理解能力。其中有这样一个片段：

师：同学们，我们刚刚学过了陆蠡先生的《囚绿记》，谁能用自己的话来对这篇文章的主题进行概括？

生：通过“囚绿”表达作者对“绿”的喜爱程度，寄托了作者对生命、对爱和幸福的珍视，而无法囚住绿，正说明“绿”的顽强与倔强，作者借“绿”言志，赞美了这种顽强不屈的性格。

生：表达了作者对处境艰难中的中华民族，不畏强暴，追求自由光明的民族精神的赞美之情。

生：这绿色的常春藤也象征作者本人向往光明、不屈不挠的斗争精神和高尚品格。

生：作者在常春藤上寄寓了一个正直爱国者的情感和愿望。

……

师：同学们关于这些主题的概括都有一定的道理，应该说从一个方面也能够表现出各位同学对这篇文章的理解是有一定深度的。但这样的主题，我们是怎样得出来的呢?

生：通过对原文关于“常春藤”的描写语句分析出来的。

生：通过对文章中作者对“常春藤”的感受分析出来的。

……

师：看来同学们对这篇文章的学习还是有一定的效果的，但我们能否说得更具体些？说出是通过哪些句子分析出来的呢?

生：“我望着这小圆洞，绿叶和我对语。我了解自然无声的语言，正如它了解我的语言一样。”这句话通过写自己和“绿叶”“对语”，一方面表达了作者的孤独，同时也表达了作者对“常春藤”的喜爱。

生：“我细细观赏它纤细的脉络，嫩芽，我以揠苗助长的心情，巴不得它长得快，长得茂绿。”这句话更能够体现出作者对“常春藤”的喜爱之情。

生：“它渐渐失去了青苍的颜色，变得柔绿，变成嫩黄；枝条变成细瘦，变成娇弱，好像病了的孩子。”这句话表达了“常春藤”被囚禁之后的顽强生命力。

生：“可是每天早晨，我起来观看这被幽囚的‘绿友’时，它的尖端总朝着窗外的方向。甚至于一枚细叶，一茎卷须，都朝原来的方向。”这句话更能够表达出“常春藤”顽强的生命力。

……

师：同学们找到的语句都很好，分析得也都有一定的道理。我们来共同分析同学们刚才提到的句子：

可是每天早晨,我起来观看这被幽囚的“绿友”时,它的尖端总朝着窗外的方向。甚至于一枚细叶，一茎卷须，都朝原来的方向。

师：这个句子是理解这篇文章的关键语句，请同学们从语句中找出句子写作的主要元素。

生：“我”“绿友”。

师：那么，语句对“我”又是怎样表述的呢?

生：“每天早上”“起来观看被幽囚的‘绿友’”。

师：这里的关键词呢?

生：“观看”“幽囚”。

师：这里的“观看”“幽囚”应该怎样理解呢?

生：“观看”，可以理解为观察。“幽囚”就是囚禁的意思。

生：表达了作者对绿色的喜爱之情，故将其拟人化，作为朋友。

师：我们是否可以把这两个关键词联系起来，“我”“幽囚”“绿友”的行为，实际上就是“我从自己的主观感受出发，不顾及他人的感受，按照自己的喜恶来做事”。想一想我们自己是否也做过这样的事呢?

生：……

师：那么我们再看看这句话的另一个要素“绿友”，是如何表现的呢?

生:“绿友”“尖端”“一枚细叶”“一茎卷须”“朝着窗外的方向”“朝原来的方向”。

师：那么，我们从这些关键词中能够分析出“绿友”的什么特征呢?

生：强调了“绿友”对光明的渴望。

生：“绿友”永远向着阳光生长。

师:如果我们把“我”与“绿友”联系起来考虑，我们是否能够有新的收获呢?

生：“我”强迫“绿友”按照“我”的意志生存，但“绿友”却只是按照自己的意志生存。

生：“我”没有办法改变“绿友”的生存本性。

……

师：同学们概括得都有一定的道理。我这里有一个句子，大家看看是否符合对这句话哲理的理解：

一个顽强的生命体被不可抗拒的外力控扼时，外力只能压抑、控扼它的躯体，但不能征服这个生命体按照自己的生存本性去生存的本性。

生：这个概括我们没有想到，比我们概括得更深刻、更有道理。

师：其实，刚才我们看到的这个句子，是我从《新作文》杂志 2009 年第 10 期上的《让读的“荒漠”变“绿”：从“表现”追问“表现性”（一）——关于〈囚绿记〉常规教学的批判与重解》的文章中学来的。

……

之所以录入课堂内容，就是记录读书所得，倘若不读书，我不可能与学生一起分享自己所得。反思这节课的教学过程，其实还要将如何进行归纳思维训练的方法教给学生。教给学生进行归纳思维训练的方法应该是这节课的重点，因此在这节读书分享课之后给学生布置了作业，要求学生利用每周的阅读时间，找一些能够进行归纳思维训练的材料进行交流。在两周之后，学生进行了归纳思维训练的分享。主要是从以下两个方面来进行的：

一是学生分享交流归纳思维的具体运用过程。

1. 关于归纳思维的定义。

以对个别的具体事例某状况的认知为前提，进而推出有关此具体事例所属那一大类事物常常呈现如此状况的一般性结论。如此思考事物的方法，我们称之为“归纳思维”。

简单来说，从具体事件中挖掘象征意义和从特殊（个性）之中感受到一般（共性），就是归纳思维。

2. 关于归纳思维的步骤。

第一步：将整个事件的组成元素分解开来，并抓住其特征。由此可以简单提炼出以下关键词：分解要素抓特征。

第二步：将这些分解后的具体元素所指对象向外延伸、扩大，进行概念移位，上升到这些具体元素所代表的“大类”概念。这段材料也可以用关键词的形式进行表达，即：概念上移归大类。

第三步：综合并概括出事件所具有的一般规律或哲理。简而言之，即为综合概括新思想。

二是分享交流如何进行归纳思维训练。

在这个方面，学生分享了两个材料：

材料一：

若言琴上有琴声，放在匣中何不鸣？若言声在指头上，何不于君指上听？

运用“三步归纳法”理解这则材料的主旨。

具体的归纳过程用下表表示：

分解要素抓特征	概念上移归大类	综合概括新思想
琴声	艺术	艺术是“物”与“我”互相依存、互相作用的结果。（或者艺术是主观与客观“合一”的结果）
琴	客观事物	
琴匣		
指头	主观能动性	

材料二：

在海湾战争期间，美国海军陆战队司令格雷将军要求美国陆战队官兵都要研读《孙子兵法》。

请根据材料内容，运用“三步归纳法”归纳这则材料的主题。

具体的归纳过程用下表表示：

分解要素抓特征	概念上移归大类	综合概括新思想
美国海军陆战队司令格雷	外国人	（1）他山之石可以攻玉。（显性） （2）外国人尚且如此重视对我国文化遗产的学习，国人更应该重视对文化遗产的传承。（隐性）
美国陆战队官兵		
要求	状态	
都		
研读	学习	
《孙子兵法》	中国古代文化遗产	

整个课堂教学过程，只是从单个材料出发进行训练的，这个方法同样也适合于多个材料来训练，这种方法看起来简单，用起来可未必能够随心所欲，这也印证了康德的那句话：“知识可以被传授，能力只能靠训练！”

音乐与文学的碰撞

——赏析《琵琶行》的精彩段落

廊坊市第一中学　张美学

同学们，当我们去聆听一次音乐会时，看着小提琴手用指尖轻轻地扳动琴弦，美妙的音乐就这样传入了我们的耳朵中，中国有一个成语叫“扣人心弦”，扣的是琴弦，打动的却是人心。而今天让我们一同走进唐代大诗人白居易的经典之作《琵琶行》，几根普通的弦却弹奏出了人间绝唱，同时成就了千古佳篇《琵琶行》。

好。下面老师提一个问题。《琵琶行》一诗共描写了琵琶女几次弹奏音乐的场景呢？同学们异口同声说，三次。好！那分别是哪三次呢？我请一位同学概括一下，并简单分析白居易在听到音乐后的感受如何。

这时候有很多学生举手，李文杰，你来概括一下。

李文杰说，第一次是出现在文章的第二段，“忽闻水上琵琶声，主人忘归客不发，寻声暗问弹者谁？”在第一次听到琵琶曲的时候，作者很惊讶。于是我趁机接着问，作者简单两笔就描绘出了当时的情景，这是什么样的写作手法？

略写。李文杰反应很快。于是我板书：第一次　惊异（略写）

好，同学们找到了第一次描绘音乐时的场景，接下来就有了第二次，谁来说？

课代表举手想站起来，于是我给了他一个自信的眼神，接着我又叫了班里的陈宇凯，让他来黑板板书。课代表开始了。

第二次的音乐描写出现在第二段，首先是前奏曲“转轴拨弦三两声，未成曲调先有情。弦弦掩抑声声思，似诉平生不得志。低眉信手续续弹，说尽心中无限事”。

嗯，前奏曲的曲调如何？

低沉抑郁的。陈宇凯随手写下“低沉抑郁”四个漂亮的楷体字。从哪里看出来的？我问。

“每一弦都在叹息，好像在诉说自己不得志的一生。”很好，那我们可以根据小序想象一下琵琶女现在的身世、处境如何呢？

课代表有些答不出来，接着我又问同桌，让她补充。她很流利地说，第四段中有介绍，琵琶女“弟走从军阿姨死，暮去朝来颜色故。门前冷落鞍马稀，老大嫁作商人妇。商人重利轻别离，前月浮梁买茶去”，从中可以看出琵琶女此时此刻处境悲惨，年老色衰，跟随丈夫沦落到九江这个地方，秋江月冷，独守空船，心境寂寞而悲凉。

台下响起了鼓掌声。嗯，这位同学说得贴切、生动，总结得很到位。我们继续探究音乐和文学相互碰撞时发出的火花。接着我们一起进入后六句的学习。学生齐读：轻拢慢捻抹复挑，初为霓裳后六幺。大弦嘈嘈如急雨，小弦切切如私语。嘈嘈切切错杂弹，大珠小珠落玉盘。

好。我们一起分析这一段曲子。琵琶女的每一弦、每一丝都被白居易用文学的语言记录了下来，这是白居易这位中唐大诗人的高明之处，同时也是文学魅力之所在。“拢”“捻”“抹”“挑”这几个动词都带有提手旁，跟动作有关，书写时把握规律。通过这几个词也可以看出琵琶女“技艺高超”，同学们异口同声。

很好。下面我们开始分析这段曲子的经典部分。“大弦嘈嘈如急雨”这句话，同学们能否用几个词来概括一下音乐的曲调。问题一出，同学们七嘴八舌，有人说是浑浊的，还有说是激昂的、生动的、急速的等等。于是我用音频给大家播放了一下这句话的音乐效果，大家一致认为应该是浑浊粗重的。好，陈宇凯做好了板书。

同样“小弦切切如私语”呢？曲调又如何？我接着问。

有同学在皱眉、有的在深思。个别同学小声回答，清脆的。于是我问，小弦是什么样的弦啊？“细弦”，同学们齐声说。是啊，这句话的意思也就是说，小弦发出来的声音又如同是在窃窃私语，所以我们可以用四个词来概括它的曲调是“温柔细腻”的。同学们齐声回答。

接着“大珠小珠落玉盘”运用了什么样的修辞手法呢？比喻，几位学生小声地说。很好，这样的曲调如何？

孟洋,你来分析一下。孟洋站起来说,曲调应该是悦耳动听的。陈宇凯继续板书。

好。接下来我们继续探索诗人白居易为我们书写的音乐曲调。

学生齐读：“间关莺语花底滑，幽咽泉流冰下难。冰泉冷涩弦凝绝，凝绝不通声暂歇。别有幽愁暗恨生，此时无声胜有声。”

这几句话，我让一位同学来分析一下。几位学生举起了手，我叫了一位平时不怎么爱回答问题的学生王建航。他站起来流利地说：“间关莺语花底滑”运用了比喻的修辞，写曲调的优美动听如黄莺在花间歌唱一样。有学生小声说，婉转动听，我笑而不言，王建航似乎也听到了“婉转动听”几个字，于是改口“婉转动听”。陈宇凯继续板书。我说，婉转动听用来形容琵琶女的曲调更合适一些。

李冬菊同学站起来，我分析后几句吧。好。开始你的表演。

李冬菊落落大方地说道：此时的声音幽咽、艰涩，暂时停歇了。

很好，情感呢？

“别有幽愁暗恨生”说明此时的琵琶女是愁悠悠、恨悠悠的。恨在哪儿，愁在哪儿呢？

可能是想到了自己的身世、处境之苦和年少时的年轻貌美、色艺超群、风光无限形成鲜明的对照，此时的琵琶女在秋江冷月中独自守着空船，以卖场为生，生活处境艰难。

台下响起了鼓掌声。

是啊，琵琶女有恨，她恨这个不公道的社会，重色轻才、重钱轻意，于是她把满腔的愤懑倾诉到音乐之中，至此音乐达到了高潮，学生齐读：“银瓶乍破水浆迸，铁骑突出刀枪鸣。曲终收拨当心画，四弦一声如裂帛。”到这里，曲子戛然而止了。于是我用音频让学生感受了一下银瓶乍破的声音、铁骑征战的声音、布帛撕裂的声音。学生都心领神会。于是我们开始一起总结曲调特点。

大家争先恐后，有说激昂的、尖利的、雄浑的……陈宇凯继续板书。

琵琶女弹奏了曲子，白居易却因声而文，把曲子写得惟妙惟肖、徐徐动听，这也许就是文学的魅力、文学艺术需要达到的高度，也是它成为经典的缘由。

一位大导演坐在电影院里绝对不会去看电影的故事情节、发展脉络，他会想，这部电影是如何拍摄的。同样，我们来看一下白居易是如何描写这段音乐的。

下面给同学们3分钟的时间，探究一下白居易的写作方法。

声音渐渐小了。

我说，同学们，哪个小组分析一下呢？

三组的郭宇宁第一个站了起来，侃侃而谈。首先是用自己的议论的方法来评价音乐，比如“弦弦掩抑声声思，似诉平生不得志”，其次，如“大珠小珠落玉盘”“间关莺语花底滑”使用比喻的修辞来描摹声音。最后，作者又用具体的形象来描绘曲调，如“银瓶乍破水浆迸，铁骑突出刀枪鸣”。

很好，这位同学概括得很精练。陈宇凯板书。

以议评声。

以喻摹声。

以形绘声。

板书精准。学生们纷纷记起了笔记。

这是第二次的音乐描写，如果前部分是直接描写声音，那么后两句“东船西舫悄无言，唯见江心秋月白”应该是？“间接描写”，几个学生一起说了出来。

最后两句是典型的景物描写，景物描写的作用是什么呢？烘托人物心情、渲染气氛。有位学生答，表现琵琶女的技艺超群。

我说，很好。环境描写一方面表现琵琶女技艺的高超，以至于在场的所有人都为此惊艳了。其次渲染气氛，此时的白居易应该是完全沉醉其中了，所以这一段和上一段相比较，是详写、明写。

好。我继续说，对于白居易的这段音乐描写，我们可以用几个词简单概括一下，同学们争先恐后地说出了“精彩绝伦”“惟妙惟肖”“不同凡响”……是啊，这一段精彩的音乐描写体现了琵琶女技艺超群，也体现了白居易文学艺术的高深，把文学和音乐巧妙地结合起来，泼墨如水。

好，由于时间关系，我们第三次的弹奏就留待同学们自己课下做好分析，好不好？同学们热情高涨，异口同声说：好。

布置作业

这首诗的主旨句是“同是天涯沦落人，相逢何必曾相识”，琵琶女和诗人有着相同的命运遭遇，请找出来简单分析。

下课铃声响起，课程结束了。

从几个动词体现王熙凤的性格

廊坊市第一中学　姚秋艳

《林黛玉进贾府》是经典名篇。尤其是对王熙凤的塑造，既集中又生动形象。我在讲这一情节的时候，先让学生自读5至6自然段，然后分角色朗读。下面研究王熙凤的性格特征，看看曹雪芹是如何刻画这个人物的典型性格的。

“同学们，这两段动作描写十分引人注目，先找出这两段的动词。”我说完之后，由于问题简单，同学们纷纷举手。刘若男不等我叫就站了起来：“听、说、纳罕、围拥、携着、打谅、送至、笑道、拭泪、转悲为喜、携、问、问。”其他同学都笑着说：“都被你说完了。”我接过话：“别急，还有重头戏呢，对这些动词要进行分析。这些动词如何表现王熙凤的性格？”同学们一下子沉默了，进入了思索状态。

课代表单玉果慢慢地站起来说：“‘听’字，运用的是未见其人先闻其声的手法，‘说’既有内容，又有声音。在封建社会，女人说话小声细气，更别说大笑了。所以使大家闺秀林黛玉深感‘纳罕’。总体表现了王熙凤在贾府很受宠，性格泼辣。”单玉果刚住声，她的同桌就轻轻拍了两下手，我马上问了一句：“为什么轻轻拍掌？”她不好意思地站起来，羞涩地说：“因为同学们听得很认真，怕惊扰了同学；单玉果讲的逻辑性很强，应该鼓掌；但是，她没讲完。”教室里的同学有的点头，有的错愕。我说道：“你接着讲吧。”她接着说：“应该把‘围拥’讲了。课文中这样写‘一群媳妇丫鬟围拥着’王熙凤，‘围拥’就是围绕、簇拥之意，‘围拥’一词，是王熙凤在贾府身份地位的具体写照。后面的动词是王熙凤见到林黛玉之后的动作描写。”这时教室里响起了掌声。这掌声一是为她的严谨认真的思考，一是为她勇于指出同学的问题，我欣慰地笑了，这是老师最愿意看到的课堂气氛。

“正像刚才同学所说，后面的动词是王熙凤见到林黛玉之后的动作描写，可根据文章内容层次进行分析。”我说完之后，同学们都低下头阅读课文，我也没有催促他们，在教室巡视了两周，看到同学们在课本上圈点着。三分钟了，有几个同学抬起了头，又有更多的同学抬起了头。“魏振伟，你来回答。”魏振伟站起来说：“我分三个层次来分析。第一层次涉及的动词‘携着、打谅、送至、笑道’，这是一连串的动作，先‘携着’即拉着黛玉的手，把林黛玉从座位上拉起来，然后‘打谅’即同‘打量’，仔细察看之意，把林黛玉从头到脚看了一个遍，就‘送至’贾母身边，笑着说了一大堆夸赞林黛玉的话。表现了王熙凤能说会道，性格强势，能讨老祖宗的欢心。第二个层次涉及的动词‘拭泪、转悲为喜’，刚才还在笑，马上就做出‘拭泪’即擦眼泪的动作，为什么哭呢？因为林黛玉的母亲即她的姑婆婆去世了，因为林黛玉这个表亲的小姑子失去了母亲。但是，王熙凤不是为这些而哭，是为贾家的宝塔尖——贾母表演。所以当贾母对她稍加劝导之后，马上‘转悲为喜’。表面上是对林黛玉同情，实际上是讨好贾母。第三个层次涉及的动词‘携、问、问’，王熙凤在上面的一系列表演结束后，又‘携’即拉起了林黛玉的手，‘问’：妹妹几岁了？可也上过学？现吃什么药？一连串的发问，没给黛玉回答的机会，也不需要黛玉回答；下面对婆子们也是如此，‘问’：林姑娘的行李东西可搬进来了？带了几个人来？同样没有写回答的话，也不需要婆子们回答。这种关心，完全变成了表演，王熙凤真是个戏精啊！”魏振伟同学一口气说完，教室里响起了热烈的掌声。我也表扬他：“你讲得太好了，怎么做到的？”“我喜欢《红楼梦》，曾经读过，还听过蒋勋的讲读。”哦，原来如此。没有生而知之者。“同学们，我们再看一下魏振伟同学的三个层次划分的根据是什么？”课代表站起来说：“我听得很认真，我认为是根据感情划分的。王熙凤见到黛玉后，感情是变化的：先表恭维，后表同情，最后是表关心。”“回答得很好，这些表现了王熙凤什么性格？请同学们思考后回答。”我说完之后，同学们稍加思索，就有人发言了：“表现了王熙凤的虚情假意和精明能干的性格。”“对，再想一想。”有同学说：“口舌伶俐。”“还有什么？”“既要讨好老祖宗，又欲在黛玉和众人面前表现自己在贾府的权势大。”我进一步启发：“以上大家说得都对，再综合归纳一下，使答案更加完整。”稍加思考后，周清爽同学回答道：“善于察言观色和机变奉迎，善于讨好贾母的性格；喜欢弄权，以显示自己的精明能干；在贾府她威重令行，有敢于在贾母面前放诞无礼的地位。”

这些动词十分鲜明地表现了王熙凤的性格。

我们一起认识她

——《林黛玉进贾府》中王熙凤形象

保定市定兴县第三中学　梁　雪　郑凤华

讲《林黛玉进贾府》，要分析王熙凤的形象了，在课堂伊始，我播放了《红楼梦》插曲《聪明累》来渲染气氛，在音乐声中带领学生走入王熙凤的世界。

课文对王熙凤的描写主要集中在第 5 和第 6 段，学生们通过梳理、总结发现，仅仅两段文字作者就通过写出场、绘肖像、见黛玉、回王夫人的答话、贾母的评价等五个角度，对王熙凤进行了全方位的刻画。学生们主张沿着逐个角度分析的思路，力求总结出最全面的凤姐形象。

凤姐的出场就似带来一阵风，掀起一层浪，给我们留下了极深的印象。在连大气都不敢出的贾府里，突然传来了肆无忌惮的笑语声，随着“我来迟了，不曾迎接远客”的话语声，只见一群媳妇丫鬟簇拥着一个“彩绣辉煌、恍若神仙妃子”的丽人出场，学生分析道，她的出场可以概括为“未见其人，先闻其声”，这种出场方式显示出她性格里的放诞无礼，“前呼后拥”的盛大排场也是她身份地位特殊的一种体现。

在描写王熙凤肖像时，学生发现作者重点描绘了她的服饰和长相，服饰方面课文写道：“头上戴着金丝八宝攒珠髻，绾着朝阳五凤挂珠钗；项上戴着赤金盘螭璎珞圈；裙边系着豆绿宫绦，双衡比目玫瑰珮；身上穿着缕金百蝶穿花大红洋缎窄褃袄，外罩五彩刻丝石青银鼠褂；下着翡翠撒花洋绉裙。”学生们认为作者极力铺陈王熙凤集珍珠宝玉于一身的装扮，与其说是写出了她的贵气，倒不如说是俗气。一个学生还打趣道："恐怕就算林黛玉有这么多的珠宝也不会都穿戴出来，做这么'贵妇'的装扮。"有了这个假设对比，学生们很快找到了王熙凤性喜奢侈、贪婪、得势的形象特点。

王熙凤的长相在《红楼梦》里也不可谓是不美，在课本文字之余，我又用幻灯片的形式向学生们展示了多张87版的王熙凤剧照，让学生直观体会王熙凤的美。可学生们都觉得望着"三角眼、吊梢眉，春威不露、丹唇挂笑"的脸庞，他们感受更多的不是外在的年轻貌美，而是她内在性格里的刁钻狡黠。

见黛玉时，凤姐又是称赞，又是感叹，询问这，嘱咐那，似乎比别人都热情，都更关心黛玉。我向学生问道："果真如她自己所说的'我一见了妹妹，一心都在他身上'吗？"学生们集体认为确实是这样，于是我提示学生来分析她夸奖黛玉时的语言："天下真有这样标致的人物，我今儿才算见了！"是在夸奖黛玉；"况且这通身的气派，竟不像老祖宗的外孙女儿，竟是个嫡亲的孙女"是在夸奖"三春"；"怨不得老祖宗天天口头心头一时不忘"又是在奉承贾母，简单的几句寒暄夸了林妹妹，捧了三春，赞了老祖宗，真是夸在黛玉身上，喜在众人心上。学生们这才明白，关心黛玉是假，奉承贾母才是真，凤姐真是巧言利舌、八面玲珑啊！

我又提示道，王熙凤不仅善于辞令，更擅长表演，一瞬间就能变换多种表情。你看，她刚欢声笑语地称赞林黛玉，马上又能为黛玉的"命苦"而感叹悲伤，正在"用帕拭泪"，又马上能为不惹老祖宗难过而"转悲为喜"。一连串的动作下来哪有什么真实感情，完全是在做戏。我又提示学生注意，作者只强调了她"用帕拭泪"的动作，却没有写帕子之下的泪水，同时我播放了视频87版《红楼梦》这一情节，邓婕精湛的表演令学生们哄堂大笑，因为他们发现，帕子之下真是一滴泪水都没有，一切只是王熙凤的表演，那"帕"不过是她的表演道具。邓婕哭与笑瞬间的表情转换，表现尽了王熙凤机变逢迎、虚伪圆滑的本性。

在回王夫人"月钱可曾放过不曾"的问题时，"早已放完"体现王熙凤的能干，王熙凤主动提到"刚才带人去给林妹妹找缎子"一事，有学生分析她这是在巧妙解释自己迟到的原因，在王夫人责备没有自己指定的，王熙凤也该随便带来两匹给林妹妹做衣裳时，王熙凤回答"早已备下，单等太太回去过了目好送来"，体现了她对王夫人这个背后实际掌权者的尊重。我抛出“王熙凤到底有没有真的准备好缎子”这个问题，学生们争论不休，一半认为有，一半认为没有，我又问道:“既然准备了，为什么不顺道拿来，需要时让丫鬟送上来呢？”同学们又是一片唏嘘，为王熙凤的机变狡黠而惊叹，也为王熙凤平淡无奇的答话后暗藏的深意而佩服。课文以王夫人“一笑，点头不语”的反应结束，我提示学生揣摩王夫人笑的含义。大家觉得她恐怕也是在为自己侄女的机变狡黠而点头称赞吧！

贾母向黛玉介绍王熙凤时，曾戏谑地称她为“凤辣子”。“凤辣子”这个称号绝非浪得虚名，为什么？

学生们争先恐后地说道，“凤辣子”之“辣”表现在声音“辣”，衣着容貌“辣”，语言“辣”，心思“辣”。到这时，学生们为贾母给王熙凤起的这个称号拍案叫绝。我又问贾母聪明呢，还是……

学生们异口同声：“曹雪芹。”我说：“红楼梦以其人物众多而个性鲜明的艺术特色成为文学艺术的瑰宝，作者笔下有许多栩栩如生、呼之欲出的人物形象，今天我们见识了王熙凤，只是在高中语文人教版必修三《林黛玉进贾府》的课文里见识了她，我们就已经叹为观止了。如果说红楼梦博大如东海，《林黛玉进贾府》只是它精美浪花中的一朵。谁愿意去到红楼梦的海洋里游历一番？”“我”“我”“我”之声不绝于耳，教室里一片高高举起的希望。

我再三提示，学生们安静了下来，我们一起总结出王熙凤的形象：王熙凤是一个刁钻狡黠、善于奉承、精明能干、八面玲珑的封建大家庭掌权主母形象。

我又播放了作者在书里曾早早为她写下的《聪明累》的曲子，又用幻灯片展示了《聪明累》的歌词，学生们感叹道，原来作者早已暗示了她聪明反被聪明误的悲惨结局。在学生们的唏嘘感叹和凄凉的音乐声中我们结束了这堂赏析课。

《氓》之“淇水”意悠悠

保定市定兴县第三中学　杨亚妹　郑凤华

讲《诗经》中的《氓》，第一节课我讲解了《氓》的语言，第二节课我决定抓住诗歌中“淇水”这个意象，分析淇水反复出现的原因以及深刻意义，从别样的角度解读文本，给学生焕然一新的感受。

课前我选用《诗经》中相关词语导入，以唯美的语言、轻缓的语调导入：“蒹葭是《诗经》中离爱情最近的草，淇水是《诗经》中意味深长的河。淇水见证了女主人公美好短暂的爱情故事，最终在她的悲泣中带走了她光阴的故事。今天我们一起分析淇水的秘密。”学生兴致盎然，专注聆听。

接着我设置问题，由浅入深。第一个问题是“淇水在文中出现了几次？”问题简单，学生踊跃地发言，答案也比较准确。第一次是“送子涉淇，至于顿丘”，第二次是“淇水汤汤，渐车帷裳”，第三次是“淇则有岸，隰则有泮”。同时形成板书。接下来的问题是本课的重点：分析“淇水”每次出现的特点和作用。学生分组讨论解决。这个问题难度系数相对大一些，学生回答内容宽泛空洞无条理。有的甚至引起同学们的哄堂大笑。本来是表现女主人公内心极度悲痛的内容，同学们却大笑，完全没有了悲剧的氛围。这时我立时用沉重的音调引导说：“同学们，这个时候我们是不应该有笑声的呀，此时我们的主人公内心充满痛苦，作为倾听者的我们，难道不应该为她感到伤怀吗？”安静下来才有了一些状态。同时我引导他们从水流的变化分析淇水，从内容和结构分析其作用，将问题细致具体化，这样取得了一些效果。可见在问题设置上给学生明确的指向是非常关键的。一组对第一次淇水给出了这样的答案：第一次淇水是平静的，因为此时的女子正处于恋爱之中，享受着爱情的甜蜜，她和心爱的男子山盟海誓，翘首以盼，此时淇水的每一股水流都是女子的柔情蜜意，所以水是温柔澄澈平静的。其他的同学报以热烈的掌声。我大大称赞了同学们的思维和深厚的语言功底。有了一组的示范和榜样作用，其他小组也跃跃欲试。四组对第二次淇水的作用理解较好，他们说出第二次淇水是动荡的，汤汤水势浩大，男子"二三其德"，女主人公被无情地抛弃了，淇水的湍急动荡与她的内心何其相似。六组总结第三次淇水有边，女子的痛苦无穷无尽，渴望男子回头已经是痴心妄想，缘分已尽，她毅然转身。此时的女子清醒而理智，成熟而决绝。学生的语言丰富准确，我深感意外。教师是平等中的首席，的确课堂永远是学生绽放思维之花的领地。

总结提升不可少。为了加深学生对意象作用知识的认知。这节课来我做了两次总结，第一次是淇水分析完后，总结其作用一是表现人物感情，一切景语皆情语。其实淇水在这里犹如折射心灵的镜子。水流的变化让我们窥探到女主人公心里的秘密。淇水平静到动荡，女主人公由依依不舍到忧伤痛苦挣扎。二是烘托人物形象。潺潺的淇水烘托了温柔多情的女子，淇水有岸烘托了女子蜕变后坚决果敢的形象。三是淇水见证了一对男女相亲相爱的过程，也见证了男子的无情、女子的不幸。当女子如酒醒般觉醒之后，它又见证了她的成长与成熟。四是结构上贯穿始末，首尾呼应，诗歌节奏紧密连贯，构思严密巧妙。第二次是体悟完女主人公不同时期的情感变化后，学生已经感受到了整个故事中女主人公的情感波澜，进一步认识了这一形象的美好与可敬，这时我运用了一些富有感染力的语言作以总结，更加激发起学生对这一形象的崇敬之情。

整节课结束时，我说：淇水柔情敦厚，淇水波涛汹涌，淇水坚毅刚强，淇水博大深邃；淇水是一条河，但它绝不仅仅是一条河。

走下讲台，心中有丝丝喜悦。学生能够热情地参与，认真地归纳，终不枉费自己课前绞尽脑汁废寝忘食地思索与揣摩。

《登柳州城楼寄漳汀封连四州》，我这样教

保定市定兴县第三中学　张会青

我们在学习古代诗歌时教师一般先关注题目、知人论世、结合时代背景及课下注释、翻译诗歌含义并探究诗歌的写景手法和抒情手法等等。几乎所有的古典诗歌大致都是延续这样的教学思路，长此以往学生上课时都能知道老师的教学“套路”，学生学习兴趣不浓，甚至教师也会产生诗歌课堂上的倦怠。我受到辽宁大连二十四中王丹老师教授《长恨歌》的启发，他在最后一个教学环节引导学生从原作中集句成诗，表现作品的爱情主题或讽喻主题，例：玉楼宴罢醉和春，九重城阙烟尘生。魂魄不曾入梦来，夜闻雨铃断肠声。我在教授柳宗元的《登柳州城楼寄漳汀封连四州》时采取压缩诗歌的方法进行尝试，学生感到学习诗歌的形式新颖，本节课的学习效果良好。

我将本节课的教学目标定为两个：

1. 体会诗人丰富的情感；

2. 探究登高诗歌的多重内涵。

为了有效实现教学目标，我先采取激情导入（中国是一个诗的国度。诗歌浩如烟海，诗人灿若群星。唐代是诗歌发展的鼎盛时期，流派纷呈，诗人众多。今天我们一起来学习中唐诗人柳宗元诗作《登柳州城楼寄漳汀封连四州》），快速引起学生注意，进入学习状态。高效的语文课堂是学生会的不用教，学生难以理解的知识要讲解透彻。所以关于这首诗歌的作者柳宗元学生并不陌生，不必过多介绍，我从名、时、地、评、作五个方面（名：柳宗元，字子厚；时：唐代（中唐）；地：河东人（今

山西永济人）；评：柳河东、柳柳州、唐宋八大家之一；作：《小石潭记》《江雪》《黔之驴》）对他进行总结。课本上的时代背景注解详细，学生可以自学，这些环节都可以简单处理。这节课的重点是通过压缩诗歌来迅速把握诗歌大意，体会诗歌情感。我让学生小组合作，将这首七言律诗压缩成七言绝句，然后在七言绝句的基础上改编成五言绝句。为了降低学生的畏难情绪，我给学生示范《次北固山下》：客路青山外，行舟绿水前。潮平两岸阔，风正一帆悬。海日生残夜，江春入旧年。乡书何处达？归雁洛阳边。通过抓住首联“客”关键字和尾联“乡书”等关键词，大胆舍弃中间两联改编成五绝：客路青山外，行舟绿水前。乡书何处达？归雁洛阳边。这样能迅速得知诗人客居在外的思乡之情。同学们小组合作5分钟后成果展示。学生展示成果：七言绝句——城上高楼接大荒，海天愁思正茫茫。共来百越文身地，犹自音书滞一乡。五言绝句—— 高楼接大荒，愁思正茫茫。共来百越地，音书滞一乡。这样学生能比较容易理解诗歌的大致含义，体会诗人沦落天涯、音书不通的愁苦。当然通过压缩诗歌结构清晰、一目了然，但是改编之后的五绝与原诗相比，在整体意境上还是稍逊一筹，略显不足。我再引导学生从中间两联入手，鉴赏中间两联写景与作者的情感的关系。同学们齐读中间两联“惊风乱飐芙蓉水，密雨斜侵薜荔墙”，体味惊风、芙蓉、薜荔等意象的深意，体会诗人情感。惊风——映射敌对势力、环境的险恶。芙蓉——品质的高洁。联想屈原“制芰荷以为衣兮，集芙蓉以为裳”及周敦颐的《爱莲说》再给学生补充“薜荔”意象。“擥木根以结茝兮，贯薜荔之落蕊”象征品质高洁。所以本联在写诗人身处险境、遭遇打击的痛楚之情。诗歌的颈联是诗人从眼前近景远眺友人被贬的地方，结果呢？它写出了柳宗元与友人山水阻隔、望友不得的无奈。日本汉学家近藤元粹点评这首诗“感触伤怀，使人惨然”，那么读这首诗，除了这三种情感之外，是否还有别的情感让人更觉惨然呢？我又带领学生品味首联“茫茫”一词。“茫茫”除了指海天之景的茫然，还可以指内心对前途不可预料的茫然，结合诗人经历，一生两次被贬，一贬就是十年。诗人终年46岁，此时42岁。所以本诗还有诗人置身荒远、前途未卜的茫然之情。

通过压缩诗歌这样新颖的形式激发了学生高涨的学习热情。学生活动热烈，讨论充分，在改诗过程中学生的答案不一，小组间通过品味关键字眼、重点意象，化繁为简，最后得出一致的改编作品。针对压缩后的诗歌学生发表自己的见解，进行品味赏析。这才是我的理想课堂，课上有学生思想火花的交流、碰撞，思维的提升拓展。教师不再是一言堂满堂灌，只需要设置几个主干问题，引导学生，挖掘学生的潜力，发挥学生的能动性与主体性。教师也不是甩手掌柜而是作为一个掌舵者，掌控好方向，实时进行点拨指导，来更好地实现帮助学生学习而不是代替学生思考。特级教师余映潮认为一个合格的语文老师需要具备的第一能力就是概括能力，压缩诗歌无疑也是提升了教师和学生对文本的概括能力。这首诗歌对于高二学生而言并不困难,作为一个老师也要有“浅文深教”的能力。所以我又设置了第二个教学重点：探究登高诗歌的多重内涵。孔子曰：“君子登高必赋。”古人无论是重阳登高还是日常生活的登楼、登台、登阁，往往因登高而情满于山，人生感慨涌上心头，于是便产生了许多游目骋怀的登高诗。小组合作完成学案，师生一同梳理登高诗的多重内涵。第一种：鼓舞人心，催人奋进。例如王之涣《登鹳雀楼》：白日依山尽，黄河入海流。欲穷千里目,更上一层楼。第二种:身世之悲,忧国忧民。例如杜甫《登高》：万里悲秋常作客，百年多病独登台。艰难苦恨繁霜鬓，潦倒新停浊酒杯。第三种：借古讽今，壮志难酬。例如：辛弃疾《永遇乐·登京口北固亭怀古》：千古江山，英雄无觅，孙仲谋处……凭谁问，廉颇老矣，尚能饭否？第四种：赞美河山，挚爱生活。杜甫《望岳》：岱宗夫如何？齐鲁青未了。造化钟神秀，阴阳割昏晓。荡胸生曾云，决眦入归鸟。会当凌绝顶，一览众山小。李商隐的《登乐游园》：向晚意不适，驱车登古原。夕阳无限好，只是近黄昏。最后我对本诗进行课堂小结，自己不揣愚昧，写了一首诗供大家欣赏，《读柳宗元诗文有感》：千里迁谪路途遥，黄钟毁弃瓦釜器。伐竹取道清波现,临岸观鱼翠蔓摇。孤立高城雨益密,斜侵薜荔叶更骄。但得青山能万古，何惧岁月如霜刀？在朗读声中结束本课！

带领美术生走进《林黛玉进贾府》

石家庄市第四十五中学　张　鑫

语文学科是高中教学的基础学科。语文教师要通过语文教学提升学生的语文素养，作为美术职业高中的语文教师，仅仅是要把语文学科作为高考的基础科目来看待吗？语文教学中是不是也蕴藏着学生专业课的思维，语文教师是不是可以把语文教学同学生的专业课联系起来？让他们从文学作品的感悟与评价中，更准确地判定自己专业课的发展方向。我一直想把这样的思考付诸实践。

今天我就以《林黛玉进贾府》这一课，进行了一次大胆的尝试。

作为我国四大名著之一的古典长篇小说《红楼梦》来说，研究者甚多。除了文学评论家，还有很多画家。《红楼梦》代表了中国古典小说的最高峰，这是它的文学价值。曹雪芹对绘画是极其钟爱的，红楼梦中诸多奇女子，在他眼中，构成了一幅又一幅精美的画卷。好书得配以好画，而好画辅以好书则相得益彰而更为传神。所以自古以来，吸引了很多的画者对《红楼梦》的热爱。红楼梦的图和画也已是品种繁多，精彩纷呈，美不胜收，让人赏心悦目而目不暇接。

我所带的学生是美术生，在备课之初，我就在想，是不是可以让学生从文学作品中拓展自己对美术专业的理解？这不仅要让学生深刻理解课文内容，而且要把自己的感受和认识付诸画笔，从而达到语文课与专业课的相辅相成。就《林黛玉进贾府》这篇课文来说，如果让学生用画笔画出贾府的环境，及人物的形象，同学们会对作品理解更加深刻。在绘画的过程中又会找到乐趣，从而发现自我专业发展的方向。

《林黛玉进贾府》的教学重点是梳理小说的情节，分析贾府的典型环境，以及典型的人物形象。在学生梳理完情节后，我们要随着林黛玉的脚步游览贾府，从而知道贾府是个什么样的环境。我让学生分小组讨论，画出林黛玉进贾府的路线，并总结出每到一处，贾府的环境特点。同学们通过对课文的讨论分析，总结出了贾府宏伟的外观、讲究的布局、华贵的陈设、庄严肃穆、豪门气派等特点。我接着引导学生，我们从曹雪芹的文字中可以感受到贾府是个显赫威严的大家族。如果用我们的画笔来设计贾府，我们如何设计，才能呈现出这样的贾府呢？于是我留下作业，让每位学生用画笔呈现一处贾府的环境特点。对于人物形象的分析，我先教给了学生分析人物形象特点的方法，主要通过正面描写和侧面描写总结人物形象。让学生小组讨论找出人物的各类描写，总结出主要人物林黛玉、贾宝玉、王熙凤的形象特征。在这三个主要人物的描写中，肖像描写很突出，我问学生，我们是不是可以结合文本信息，用我们的画笔让这三个主要人物形象再现一下呢？于是，我又留下了绘画作业。期待他们有好的作品出现。

在接下来的一次课上，我让同学们展示他们的绘画作品，并加以解释。有的同学画了贾府的大门，在尊重课文的基础上，又加上了自己的想象，贾府宏伟的气势跃然纸上；有的同学为贾宝玉设计了一件衣服，并解释了为什么要这样设计；有的同学画了贾府屋内的一种陈设，那种华贵、那种气派已经深入到这位同学的内心了等等。同学们在陈述自己的绘画依据的时候，无疑把课文研究得透之又透了，对人物形象的把握又加深了一层。作为语文老师，我觉得这样的教学安排会比单纯地带领学生研读课文，学生收获要大得多。

根据学生的绘画，我适时地给学生拓展了专业的发展方向，我利用课件展示，对设计贾府的种种建筑和陈设的同学们说，很多大学有关于建筑类的专业，建筑设计专业是中国艺术院校中最早成立的专业之一。例如央美的建筑学院专业主要包含：建筑设计、景观设计、室内设计、城市设计、规划设计。这些专业还可扩展到家具设计、公共设施设计、展示设计、视觉传达设计、设计管理等方面。如果把贾府当作一个影视作品中的背景的话，我们还需要懂得舞台设计的知识，在北京舞蹈学院、中央戏剧学院、上海电影艺术职业学院、四川音乐学院、四川师范大学、南京航空航天大学、沈阳师范大学、解放军艺术学院、沈阳音乐学院等大学有舞台设计专业。

对设计人物形象的同学说，在以上大学中也有适合的专业。比如上海戏剧学院、中央戏剧学院、中国戏曲学院等院校就有服装与化妆设计、造型设计等等专业。另外如果对珠宝首饰感兴趣，我们还可以选择珠宝设计专业。

关于《红楼梦》的绘画，我们还见过很多的插图，还有连环画（课件展示）。比如国美就有“插画漫画”这个专业，设在传媒动画学院。浙江理工大学也有这个专业，大多数综合类大学是以动画、视觉传达、美术教育等专业居多。除了定位明确的插画专业之外，数字媒体艺术也算是相关的。

如果同学们从《林黛玉进贾府》中感受到了对某一专业方向的喜爱，在以后专业的选择中就可以有所倾向。但是不管以后学哪个专业，现在都要打好绘画基础。

这样的教学安排实现了语文课和专业课的完美结合，在学生们学语文的同时融入专业理解会对文学形象获得更深的感悟，也会增强学生对绘画的认识，提升学生对文学与绘画艺术的感悟能力。

以公民姿态做真实表达

秦皇岛市北戴河中学　王立鋆

期末复习时，遇到一道作文题，材料是某家银行因失误多给储户1600元钱，讨要未果。将储户告上法庭,储户以银行提示“离柜概不负责”为由,坚持自己也“离柜概不负责”拒绝归还。作文要求学生针对这件事，谈一谈自己的看法。

平心而论，单纯就写作而言，学生支持储户还或不还，只要他能够自圆其说，理由充分，合情合理，有自己的真情实感或真知灼见即可。

从个人情感角度，我觉得在当前体制下，个人面对一个集体或集体所代表的国家，首先考虑的不是盲目地服从，抛开一些具体的内容，是一种公民意识的觉醒。我还记得当年邓亚萍和小山智丽那场震撼人心的乒乓球决赛，个人利益或荣誉与国家利益或荣誉产生矛盾时，那个时代要求个人无条件服从集体，但是何智丽内心是不服气的，由此日本乒坛有了一个叫小山智丽的选手，她终于在广岛亚运会上击败邓亚萍，出了自己心中的那口“恶气”。时代在进步，文明在发展，社会文明进步的一个重要标志是允许多元思想存在的，并不是说国家或集体的利益就一定比个人的利益正确或更重要。

从公民道德角度，我们可以爱国，可以为国家和集体利益作奉献，但是从法律角度来说，个人的合法权益是应该得到认可和保护的。旷日持久的“呼格案”终于平反昭雪，不也是证明了这一点吗?

教育不是为了培养顺民或愚民，也不需要教会学生甘为奴才式的宣誓与表忠。公民的表达，是独立自主的表达，是平等沟通的表达，是身在其中的表达，是自负其责的表达。

基于此，我把作文讲评课首先设计成了“辩论课”，让学生课前按照自己的持方坐在一起，要求他们双方课前交流自己的观点理由，写出不少于两点意见。上课伊始，双方唇枪舌剑。在这一环节，我没有参与发言，只是把双方陈述的主要观点分列在黑板两侧。

自由辩论结束后，我带着学生梳理了双方的理由。

支持归还的这一方，主要理由分别有：(1) 君子爱财取之有道；(2) 1600 元钱是“不当得利”，不合法；(3) 储户占有这笔钱，使国家利益受损；(4) 即便银行有错，储户个人也没有权利惩罚银行。

支持储户不归还这笔钱，他们所持的主要理由有：(1) 银行有错在先，储户不必为银行错误买单；(2) 银行既然贴出告示“离柜概不负责”，储户的做法就是以其人之道还治其人之身，是公平的。

支持储户不予归还的学生将“个人利益”放在了首要位置，支持银行要回的学生明显认为这笔钱属于“不当得利”。双方胶着的点就在于此。

尤其是年级前 15 名里绝大部分支持储户不归还这笔钱。先不论这笔钱是否“正当得利”，单就这些学生思考问题的出发点，我们不难发现，以本则材料为典型表现他们的利益观基本可以概括为“将错就错”是合情合理的，即只要对方有错在先，那么他随之所做的很多事情就是合理的。

一瞬间我觉得这个现象很可怕。尤其赞成储户如此行为的还是年级排名靠前的学生，如果所谓“精英”都是如此据“理”力争，即便作文得了高分，可是离“培养合格公民”差得太远了。我无意讨论这道题出题者的原始意图，单就这次事件在我所教班级反映出来的问题，我认为至少应该提醒学生在自认为“合情合理”的基础上还要考虑是否“合法”，要有较强的法制观念，也要有基本的公民意识，明白什么事允许做，什么事能够做，什么事不该做。这一点对于高二学生来说，似乎很重要。

“我们今天仅仅针对一个公共事件作谈论，我提两点要求：第一，我希望不同持方不要衍生涉及道德层面的话题，是否应该归还的立场不能由此判定这个人是否贪图利益，这是我们辩论的第一原则，请大家牢记；第二，我们今天与其说上的是一节作文课，我更希望把它称为‘公民课’，公民的底线在哪里，我们的写作底线就在哪里，表达的界限就在哪里。遵守法律、恪守道德，尊重社会的公序良俗，这些都是公民的基本素质，也是我们写作与表达的是非标准。在此基础上，欢迎大家畅所欲言。”我郑重其事地说道。

在接下来的时间里，我有选择地问了学生几个问题。

“L 同学，假设你在某一个菜摊从年迈的商贩手中买完蔬菜后发现，他多找给你 1.6 元钱。你会选择主动退回吗？或者他在你下一次购物时提及此事，你也确认自己确实多拿了他钱，你会退回吗？”

L 同学：“会退回。”我又请他陈述了理由。无外乎老人挣钱糊口不容易，不能占老人便宜。

“G 同学，假设你在路上捡到 160 元钱，你会据为己有吗？1600 元钱呢？16000 元钱呢？”这个问题很有意思，其实金额小，学生犹豫的时间反而越长，金额越大，学生选择上交的态度越明确。

L 和 G 都是选择不退还银行多给钱的学生。我请他们回答这两个问题，是请学生们考虑钱的本质并没有发生变化，都不是自己劳动合法所得，不能因为是面对银行这样的集体，就认为钱是自己应得的。作为合格公民，首要考虑的应该是“我”应该做什么，做这些不应该强调什么条件，这也是公民责任意识的应有内涵。

“R 同学，以你的理解，如果这 1600 元钱储户不予归还，谁受损失呢？”

“银行啊。”她不假思索，仿佛这个问题我多此一问。

“大家考虑过，我们所说的银行的钱到底是谁的钱？当储户将钱存到银行后，大家知道这些钱最终存放在哪里吗？是不是存在中国银行里就是中国银行的钱？”

学生们的眼神仿佛在说，难道不是这样吗？

“每一天银行都会把自己的交易额放到本地中国人民银行里，换句话说，是国库中。我能不能再问一下 R 同学刚才的问题——这笔钱储户不予归还，谁受损失呢？”

这一次，R 同学不再轻率回答，她谨慎地说道：“国家吧？”

“那请问，1600 元钱如果我们面对着商贩个人，基于我们的良善本性，我们不打算占他们的便宜。如果我们面对的是国家，基于公民责任、法制观念，我们能不归还吗？”

……

“最后一个问题，大家看黑板上罗列出来的这些理由。我请问，储户是据理力争吗？我给大家一些时间讨论一下这个问题。”

J 同学首先发言，他曾支持不还，在他站起来之前，我还不清楚我之前所问的两个问题到底给了他多少影响。

“我之前认为储户是据理力争的，银行和储户是平等的关系，银行能够单方面要求储户承担责任，储户就也能以此要求银行。我们小组讨论之后，现在我认为储户不算据理力争，但至少算得上将错就错。”

我但笑不语。

S 同学起初就坚持应该归还。她举手示意要发言。我点头示意。

“其实我们应该注意，银行是服务行业，它提供的是金融服务，纸币是双方交流的特殊的商品。银行写这些提醒，是避免有假币之类的纠纷，钱币离柜之后到底问题出在哪个环节是难以判定清楚的，在柜台前双方当面清点清楚，就避免了后续一些不必要的麻烦。我认为银行写这个提示是善意的提醒。储户以此来作为不归还的理由，其实说白了，是无理取闹。”

……

交流还在继续，我看着站起来陈述自己观点的学生们，心里倍感欣慰。无论作文最终能够呈现出来什么样的面貌，这次课，我们师生普遍以公民的姿态就一个公共事件做出了辩证的思考、真实的表达。还钱与否对于我们已不那么重要，重要的是我们知道了，在遇到类似的事件时，在自己第一直觉之下，还需要冷静下来，理性地思考，追求合情、合理、合法的最佳解决之道。

含蓄不尽，余韵悠长

保定市定兴县第三中学　宋学格

《涉江采芙蓉》选自《古诗十九首》，诗中的主人公采摘芙蓉来送给所思念的人，表达了一种朴素而真挚的情感。这首诗意境高洁、清幽，充分体现了中国古典诗歌“言有尽而意无穷”的含蓄蕴藉的特点。在学习《涉江采芙蓉》这首诗时，我带领学生们通过对几个问题的讨论来赏析它含蓄不尽、余味悠长的特点。

中国人民很早对于自然就有很深的爱好，对自然的爱与对人的爱往往紧密地联系在一起，采花折柳赠亲朋是古人传情达意的一种方式。古代人送给最亲爱的人的礼物往往不是什么金银珠宝，而是一株花或是一棵芳草。送别时总是折一枝柳条送给远行的人，远行的人为了表示对好朋友的思念，逢到驿使就托他带一枝梅花给好友。而这首诗中的主人公就是采摘芙蓉来送给所思念的人。由此，我设置了第一个问题：

诗人真是看到芙蓉芳草，采完之后才想到“所思在远道”的吗？在“涉江采芙蓉”之前就没意识到这一点吗？如果不是，诗人为什么要这样写？

对于这个问题，学生们给出了不同的答案。通过点拨引导，我们做出了如下整理：

其实，“所思”是时时刻刻在他心头的，“涉江采芙蓉”也是为了她，如果一开始就开门见山地把她说出来，那诗歌就变得平淡无味了。这正是诗句布局的巧妙之处。在前两句中所思之人是绝对不能出现的，直到第三句一问才把她说出，这才显出这句话的力量。正所谓“文思看山不喜平”，唯有这样的曲折迂回，我们才能更深刻地体会到“采之欲遗谁”这句话的意味。采芙蓉来送给谁呢？我所思念的人在远方啊！它是突然的转折，是一腔热情遭到一盆冷水，其中有无限的凄凉孤寂、伤心失望。它是一句疑问，更是一声叹息。

由此我们认为，构思布局、诗句安排的曲折巧妙，正是这首诗含蓄不尽特色的第一个表现。

接下来我带领学生们把目光聚焦在诗歌的五、六两句，分析这两句中“环顾”“漫浩浩”具有怎样的表达效果。这就是我们讨论的第二个问题。

这个问题属于诗歌鉴赏中常见的语言鉴赏，学生们大都能透过词语想象出“主人公手把芙蓉，回望故乡，长路漫漫”的画面，并且可以揣摩到主人公痛苦的内心，所以我只在学生回答的基础上稍加点拨和总结。第五句中“还顾”一词，动作性和画面感很强，可以清晰地表现主人公孤独、忧愁、怅惘的形象和心情。而“漫浩浩”一词则展示了主人公与环顾所见“旧乡”之间的距离，给人以路途绵延无尽的感觉。这两个词含蓄地传达了主人公极度痛苦的心情，给读者留下了很大的想象空间，具有含蓄不尽的艺术效果。

由此我们总结出富有表现力的词语的使用，成为这首诗含蓄不尽特点的第二个表现。

最后，我继续对学生加以引导。细心的学生会发现，我们这首诗的句子都没有主语。那么，是谁在“涉江采芙蓉”呢？“所思”的、“在远道”的那个人又是谁？“还顾望旧乡”的是谁？“忧伤”的又是谁？诗歌的抒情主人公是男子还是女子呢？

对这个问题，我引导学生们通过对两种情况的比较分析来考察会有怎样不同的效果。

首先我们假设诗中的主人公是男子。那么，就是他在“采芙蓉”，是她在“环顾”，“忧伤”的也只是他。那么这首诗表达的就只是游子思乡思妇之情。从男主人公采芙蓉到思乡思人，我们感觉到诗歌缺少了变化和波澜。另外，既然只是一方思念另一方，那“同心而离居”的“同心”又何以见得呢？

接着我们假设了第二种情况。如果诗中的主人公是女子，那么就是她在采芙蓉来送给离旧乡而在远道的男子。那么，远方的游子又在做什么呢？下面就可以看成是女主人公的想象，也叫从对面来写。远方的游子此时正回望故乡，无奈长路漫漫，欲归不得。这样，二人彼此心心相印却天各一方，就只能“忧伤以终老”了。这样，我们觉得诗歌就变得富于变化而生动了。而“同心而离居”中的“同心”也就可以找到合理的依据了。由此，我们可以得出以下认识：诗歌的两个画面不是先后的，而是分隔、同时显现的。一边是痛苦的妻子，正手拈芙蓉、仰望远天，身后是密密的荷叶、红丽的荷花，衬着她飘拂的衣裙，显得那样的孤独凄清；一边是云烟缥缈的远空，隐隐约约摇晃着返身回望的丈夫的身影，那一闪而隐的面容，竟是那般愁苦！两幅画面能让人深切地感受到两个彼此相爱却又天各一方的人的真挚笃厚的情感。

通过以上比较分析，我们认为如果诗歌的主人公是女子的话，那么诗歌感情的抒发就会因为女主人公的想象而显得委婉有致。其实，这也是诗歌中常见的一种手法，那就是从对面落笔，通过联想和想象，使得情感更加委婉含蓄。这就构成了诗歌含蓄不尽特点的第三个表现。

最后，我们对这节课内容进行总结，《涉江采芙蓉》这首诗“含蓄不尽，余韵悠长”的艺术特色主要有三个表现：

一是构思布局、诗句安排的曲折巧妙；二是富有表现力的词语的运用，给读者留下想象空间；三是从对面落笔，运用想象手法，使诗歌“言有尽而意无穷”。

以上就是我们一起赏析的《涉江采芙蓉》含蓄蕴藉的艺术特色。

《诗经》声声，经典焕新生

石家庄市第二十二中学　封志莉

“氓之蚩蚩，抱布贸丝。匪来贸丝，来即我谋。送子涉淇，至于顿丘……”早读的教室里，学生们在读《卫风·氓》。一首《诗经》中的民间歌谣，学生们已经读得抑扬顿挫，朗朗上口。

“诗中的女子为什么会如此不幸？”

“女子还能找到美好的爱情吗？”

“为什么会让我们学习一首这么古老的民歌？”

翻看着孩子们提交上来的“预习问题”，心中思绪万千：是啊，这样一首上古时期的经典民歌，如何让孩子们欣赏得既有兴趣又有意义呢？

课间，我早早来到教室，循环播放了一段音乐，钢琴声舒缓优美，多媒体屏幕上，是一幅唯美的特写：茵茵绿地，相牵的两只手，指间的婚戒、腕间的鲜花。听到乐声，活动的学生渐渐静下来，进到教室的学生也颇为好奇，所有人都望着屏幕，安静倾听。

“老师，我知道这首歌！《我们好像在哪见过》！”是的，这是孩子们熟悉的一首流行歌曲。

“哇，去掉歌词，变成钢琴，真好听！”

我没有打断学生的欣赏，微笑点头，竖起大拇指，对孩子们表示肯定与赞同。

教室里很安静，乐声流淌，孩子们面露微笑，愉悦而陶醉。

在这轻松美好的氛围中，我知道孩子们心中关于“人生与爱情”的遐想慢慢开启了。乐声渐弱——

“春夏秋冬，人生四季流转。走走停停，我们一路寻觅，寻找自己的真爱。愿得一人心，白首不相离。然而，执子之手，却未必能与子偕老，美丽的开始，结果却常会事与愿违。现在，让我们沿着时光的河，逆流而上，回到古老的淇水河畔，共同聆听一段凄美的爱情往事——《诗经·卫风·氓》。”

我切换屏幕，在一幅古典的画面中，一个女子的背影伫立河边，河心流淌的水波中浮现出了本节课的标题——《诗经·卫风·氓》。

在明确了本节课学习目标，进行预习检测后，学生以齐读和个体朗读的形式诵读了这首他们期待已久的作品。

“我们能把《氓》改编成通俗押韵的现代诗吗？四人一个小组，合作一下，试试看！”

学生们在看了我给出的示例后，立刻活跃了起来，每个小组积极行动，个性化解读文本，既梳理了情节，又在改编中感受到了现代汉语与《诗经》的差别，对《诗经》语言凝练优美、言简义丰的特点有了切身体会，在随后的展示中各小组的表现精彩纷呈。

接下来，我范读诗歌，同时要求学生在听读时，勾画情节发展中表现男女主人公形象特点的词句。之后学生小组交流，把握人物特点。

“同学们，了解了故事的男女主人公，让我们来思考一下：这段婚姻，为什么会成为一场悲剧？对待婚恋，我们又能从《氓》的悲剧中懂得什么？”

我的问题让大家陷入了沉思。

“氓用情不专，不思悔改，对婚姻和家庭不负责任。”

“氓的背弃、兄弟的嘲笑，让女子痛苦不堪，只有更多的女性去抗争，才能改变社会加于女性的不公与不幸！”

“女人在婚姻中不能逆来顺受、委曲求全，应该有清醒的认识、为自己的尊严抗争！”

“爱情与婚姻要志同道合、互助互爱，女子不是男人的附属，应追求独立平等！”

学生们纷纷表达自己的思考与感受。

“大家的发言很精彩，准确而深刻的思考，是不是已让我们初读作品时自己内心的一个个疑惑渐渐解开了呢？”我看到学生们都若有所悟、微微颔首。

“当代女诗人舒婷在她的一首《致橡树》中，站在女性的角度，对爱情表达了与我们同样的看法，请大家一起欣赏《致橡树》。”

我如果爱你——／绝不像攀援的凌霄花，借你的高枝炫耀自己；／我如果爱你——／绝不学痴情的鸟儿，／为绿荫重复单调的歌曲；／也不止像泉源，／常年送来清凉的慰藉；／也不止像险峰，／增加你的高度，／衬托你的威仪。／甚至日光，／甚至春雨。／不，／这些都还不够！／我必须是你近旁的一株木棉，／作为树的形象和你站在一起。／根，／紧握在地下;／叶，／相触在云里。／每一阵风过，／我们都互相致意，／但没有人，／听懂我们的言语。／你有你的铜枝铁干，／像刀，／像剑，／也像戟；／我有我红硕的花朵，／像沉重的叹息，／又像英勇的火炬。／我们分担寒潮、风雷、霹雳;/我们共享雾霭、流岚、虹霓。/仿佛永远分离，/却又终身相依。/这才是伟大的爱情，/坚贞就在这里：/爱——/不仅爱你伟岸的身躯，/也爱你坚持的位置，/足下的土地。

孩子们捧着学案，把一首《致橡树》读得铿锵有力，掷地有声。是的，这是在穿越古今的思考中，用心感悟到的昂扬的自信、不屈的尊严、舒展的灵魂！

“氓之蚩蚩，抱布贸丝。匪来贸丝，来即我谋。……及尔偕老，老使我怨。淇则有岸，隰则有泮。总角之宴，言笑晏晏。信誓旦旦，不思其反。反是不思，亦已焉哉！”

在孩子们对《氓》的再一次深情诵读中，上课伊始的钢琴曲再次缓缓响起，屏幕上自动切换着唯美的画面：青年人步入婚姻殿堂的浪漫、中年父母拥抱孩子的欢乐、白发老人相携漫步的温馨……

“亲爱的孩子们，悲剧已谢幕，我们的人生刚刚开场，让我们学会从经典文化中汲取生命的滋养，且行且珍惜，爱自己，爱生活。就像《氓》中的女子一样——背朝过去，面向未来，才能找到属于幸福的方向！”

乐声悠扬，画面动人，我娓娓道来结束语的时候，凝望着孩子们，他们的神情或凝重、或憧憬、或欣慰，也有的眼角泛着点点泪光。

“哗——”忽然，孩子们从各自的思绪中回神，鼓起掌来。此情此景，我也被深深感动了，为他们的学有所获，为他们即将开启的美好人生。

我伸手示意大家看屏幕投影。

“面对未来的人生情感道路，老师送给大家几句话共勉——”

女：自尊自立，勿失勿迷。

男：担当责任，不离不弃。

合：风雨同舟，互敬互爱。执子之手，与子偕老。

孩子们心领神会，无论女生、男生都严肃认真地高声诵读，将这深深的思考铭记于心。

一首《诗经》，把人生中男性、女性的角色与定位，诠释得淋漓尽致，即使跨越千年依然熠熠生辉！这便是经典的魅力、经典的力量！作为一名语文教师，我们是中国传统文化的传播者，我们应该，也必须，让所有和《诗经》一样的优秀作品在新生代的生活中焕发新的生机，让经典的光辉照耀现实的人生！

一节饱含语文元素的班会课

廊坊市第八高级中学　杨书玲

宁静的夜晚，万籁俱寂，一轮圆月高悬于天际，我静坐于电脑旁边，手指轻触鼠标，心情十分忐忑。期末联考成绩出来了，年级主任将成绩发到了邮箱。我小心翼翼地打开了邮箱，下载了文件包，解压文件，找到了廊坊八中理科 301 班的成绩，深吸一口气，打开文件，细细地看着一个个表格中的一个个数字，这可是我们半个学期的心血呀。表格看完了，我的心情也变得轻松起来，年级前 10 名，我们一个普班竟然进了 2 名同学，这是多么大的进步呀，想一想，期中考试的凄惨景象，就好像昨日刚发生的事。

两个月之前的期中考试，成绩一出，301 班教室哀鸿遍野，气氛凝重，一个个如泄了气的皮球，全班没有一个一本，成绩最好的杨凯同学在班级排名第 101 名。于是，我赶快根据成绩单，挨个找同学谈话，谈理想，谈人生，告诉他们“胜败乃兵家常事”，不要太在意；周六还小规模地召开了家长会，在家长会上，我仔细地分析了期中成绩，并嘱咐家长孩子们考成这样已经很伤心了，回到家就不要再批评他们了，要坐下来好好分析一下试卷，多鼓励，让孩子们重新振作起来;在第一时间，我和各位任课老师交流了意见，坐下来认真地分析了学情，希望同学们在下次考试中有所提高；另外，我还根据现状，制定了详细的作息时间，早自习之前，同学们提前到校 30 分钟上小早课，晚自习之前，同学们早到校 20 分钟上小晚课，一天多学习近一个小时。一切都安排妥当，我满怀希望地憧憬着下一次的考试……

第一次上小早课，我作为一个班主任应该以身作则早到校半小时。于是，我迅速地洗漱完毕，风风火火地往学校赶。初冬的早晨，天还未亮，寥落的晨星不停地向我眨着眼睛，寒风呼啸，我不禁打了一个寒战。到了班级，我打开大门，开亮了教室的灯，端坐于讲台，迎接我的弟子们……

小早课开始 5 分钟了，教室里静悄悄的，没有一个同学来；10 分钟过去了，我独自一人在教室里端坐；15 分钟过去了，我依然翘首企盼着我的学生们……终于，在我规定的小早课开始 20 分钟时，同学们稀稀拉拉地来了，坐在座位上，也没有立刻进入学习状态，有的同桌窃窃私语，有的漫无目的地东翻翻、西找找。看到他们的表现，我简直是怒火中烧。

李云同学坐在第一排，是我们班的学习委员，这次考试的第二名，年级排名第 140 名，我对他寄予厚望，现在他拿着语文课本，看似在背诵，其实眼光迷离，心不在焉。我气不打一处来，把李云叫出了教室。在楼道里，我强压怒火，说："李云，你作为咱们班的学习委员，都起了什么带头作用？"平时非常乖巧的他却面无表情地对我说："老师，一个普班的学生再努力有什么用？"正说着，我们班的第一名杨凯同学姗姗而来，这时正式的早课铃声都响了有 2 分钟了。他看到我，径直走到我的面前，立定，低着头，一言不发。我感觉有些不对劲，尽量用舒缓的语气问他："怎么了，杨凯，有什么问题吗？""老师，我不想上了。"他说，仍然低着头。"为什么呀？"我有些震惊。"没什么意思，在普班，连个一本都考不上，上也没什么用。"他仍然低着头。

我突然明白了什么，高三我们重新分了班，将学生分成了重点班和普通班，我们班就是普通班。孩子们自从被分到了普通班之后，一直士气就不高，他们从心里就已经认定自己不会考出好成绩了，已经和一本绝缘了，这也是一直以来我使出浑身解数都无法扭转局面的原因。原因找到了，下面最重要的就是提振他们的信心，让他们找到自信。

经过几天的准备，我召开了一次名为《相信自己，我能行》的主题班会。

班会课在语文课代表优美的配乐朗诵《为自己喝彩》中开始。

为自己喝彩

再坚强的人也有柔弱的时候；

再勇敢的人也有胆怯的时候；

再成功的人也有失败的时候；

再悲观的人也应有自信的时候。

当你疲软的双腿横跨在成功与失败的门槛，当你淡淡的足迹踏过无人问津的驿站，当你的付出被化作午夜的风景，当你滴血的心开始陷入迷惘的深渊，你在企盼什么？

也许你会为自己的出身卑微而自暴自弃，埋怨命运的不公，为此而丧失生活与学习的信心，但我们应该相信，每个人的存在都有自己的价值，正如泰戈尔所说："天空没留下鸟的痕迹，但我已飞过。"虽然我们只是默默地飞过，但应为自己喝彩，至少曾在天空遨游，享受过飞翔的自由。

也许你会为自己生活在一个平凡的班级而自甘堕落，但又何曾想过，用努力去创造一个更新的结果。席慕蓉曾说过："一层是挣扎，一层是蜕变，当我们蓦然回首而隐隐作痛时，亭亭的是我们的年华。"把握自己的年华，给自己一点信赖，为自己喝一次彩。

当你失意时，不要抱怨命运的不公，用自己的努力去弥补，摒弃那份失意，为自己喝彩。

当你遇到挫折时，不要感慨人生之艰难，停滞不前，用自己最顽强的毅力将其击败，为自己喝彩。

多给自己一点掌声，多为自己喝一次彩，你会发现，只要你不忽视自我的存在，它们一样点缀着你精彩的人生。人生在世，说长悠悠数万日，遥遥无期；说短，匆匆几十秋，弹指一瞬间。存在即是一个过程，正视存在的价值才会变得成熟，才会变得完整。

朗诵结束，同学们报以热烈的掌声。我趁机说："同学们，咱们的课代表要告诉我们什么呢？""要自信。"几个同学小声说。我说："说对了，请大声说一遍！""要自信。”同学们声音大了些。“再大声些，要喊出来，喊出气势！请同学们连喊三遍！”我鼓励他们。“要自信！要自信！要自信！”同学们气壮山河地呐喊着。我顺势问他们：“怎么样？有信心了吗？”同学们哄堂大笑：“怎么可能？要是喊两声就能上一本，我们天天喊。”我开玩笑地对他们说：“上不上得了一本就看你们今天跟我的配合程度了，下面我要跟你们做个小游戏，需要8个同学，4个男生，4个女生，机会难得，谁愿意试一下？”同学们面面相觑，不知道我葫芦里卖的什么药，都不动。我继续鼓励他们说：“上台的同学，我敢保证下次考试成绩一定突飞猛进。”一听成绩会提高，已经有同学走上了讲台，在这几个同学的带动下，很快讲台上就已经凑够了8个人。

游戏正式开始了，我面对同学们，故作神秘地说：“我要让7名同学用1根手指，不借助其他任何力量将其中一名同学举起1米高，你们相信吗？”“1根手指，举起1米，怎么可能？”几乎是异口同声。“相信我的，请举手。”我继续说。后排几个调皮捣蛋的男生左看看右瞧瞧，起哄似的举起了手，其余的同学们则选择沉默。

我回头面对8名同学中一名身材中等的女同学说：“你不高不矮，不胖不瘦，让同学们托举吧。”说完，为了便于操作，让这名同学站在了一块木板上，其余的7名同学则统统伸出了食指，听从我的指挥：一名女生用食指托住下巴，另外两名女生分别托手臂，四名男生托举脚掌。同学们好奇地盯着讲台。“一、二、三，起。”我喊着号子，台上的同学费了半天劲，被托举的同学纹丝未动。同学们笑嘻嘻地看着我，好像是说：“怎么样，失败了吧？”我故作失望的样子，看着台上的同学说：“我们为什么失败了呢？谈一谈自己的看法。”其中三个同学说力量不够，另外几个说“压根我就不相信”。我于是跟他们打气说：“我们再试一下，这一次，我们就想象着能托举成功我们就能考试成功，怎么样？”我转头对同学们说你们能不能给他们一些鼓励。我再次给他们喊号子：“一、二、三，加油，托举成功必能金榜题名。”奇迹出现了，被托举的同学脚离地了。同学们也激动了起来，报以热烈的掌声。这时，后面调皮的男生说：“没有离地一米。”于是，我又问台上的同学：“为什么没有抬高一米？”这时仍有两名同学说不太相信，还有一名同学说方法不对。我说：“很好，这一次，我们台上的同学都要相信自己，然后我教给同学们方法，再试一次好不好？”

台上的同学说："好的。"我对抬脚掌的四个男生说："你们不要蹲着，要前腿弓着，一会儿两条腿抬起了，人自然就被你们托起了。"准备好了之后，我们开始了："相信自己，我能行！一、二、三，男生抬腿，起。"奇迹出现了，女生被同学们用一根手指高高地托举起了一米多高。讲台下面爆发出了热烈的掌声，经久不息，同学们沸腾了。

游戏结束了，我问台上的同学，为什么这次成功了？他们异口同声地说："相信自己。"还有一个同学深有感触地说："方法也很重要。""是的，"我意味深长地说，"无论做什么，首先要相信自己，不要因为我们被分到了普班就觉得不如别人，我们反而要证明给别人看，我们能行，我们一定能行。另外方法也很重要，只要两者具备，我们必能取得胜利！"

同学们被我深深地感染了，脸上又洋溢出了自信的笑容。这时，零点乐队的《相信自己》适时地响起，将同学们的情绪完全带动了起来。

多少次挥汗如雨 伤痛曾填满记忆
只因为始终相信 去拼搏才能胜利
总是在鼓舞自己 要成功就得努力
热血在赛场沸腾 巨人在东方升起
多少次挥汗如雨 伤痛曾填满记忆
只因为始终相信 去拼搏才能胜利
总是在鼓舞自己 要成功就得努力
热血在赛场沸腾 巨人在东方升起
相信自己 你将赢得胜利 创造奇迹
相信自己 梦想在你手中 这是你的天地
相信自己 你将超越极限 超越自己
相信自己 当这一切过去 你们将是第一
相信自己 你将超越极限 超越自己
相信自己 当这一切过去 你们将是第一
相信自己 你将超越极限 超越自己

相信自己 当这一切过去 你们将是第一

相信自己

从此之后,《相信自己》便成了我们的班歌,这振奋人心的旋律时时激励着我们。

我趁热打铁，让同学们以小组为单位，搜集一些名人自信的事例，班会上与同学们分享，作文课上，以自信为主题写一篇作文，并将优秀作文张贴在教室的前面时时激励大家。

经过两个月的努力拼搏，终于迎来了期末的检阅。思绪回到眼前，屏幕上那一串串的数字让我备受鼓舞的同时，也让我陷入了沉思：自信对于学生的学习是多么重要。有一句教育名言是这样说的：要让每个孩子都抬起头来走路。“抬起头来”，意味着对自己、对未来、对所要做的事情充满信心。任何一个人，当他昂首挺胸、大步前进的时候，在他的心里有诸多的潜台词——“我能行”“我的目标一定能达到”“我会干得很好的”“小小的挫折对我来说不算什么”……假如每一个学生，都有这样的心态，肯定能不断进步，成为德智体全面发展的好学生。

亦诗亦画总关情

——古典诗词鉴赏中的诗画结合

石家庄市第四十五中学　周世芳

古典诗词鉴赏为高中语文教学的重点内容。写景状物诗为古典诗词精华，多受高考命题老师青睐；且写景状物诗最大亮点即“诗画一体”，所以让学生“学会鉴赏诗画一体的古典诗词”就成为古诗词鉴赏的一个重要教学目标。

学情是教学的依据。我校为美术专业学校，学生既要学习高中阶段文化课程，也要学习绘画专业课程。诗画结合的教学方法恰恰能将语文和美术两门学科有机地融合在一起，吟诗作画，以画悟诗；观画赋诗，以诗促画，在两门学科的碰撞、交融过程中，学生不仅对中国文化精粹——诗词与国画有了进一步的了解，而且学生的学习兴趣、创作动机会被激发出来，学生的想象能力、审美能力、诗词鉴赏能力、专业绘画能力一并得到提升。

诗画同源，“诗是无形画，画是有形诗”。课前，我让学生搜集、整理一些学过的诗画一体的写景诗，并尝试为诗配画；课上借助多媒体课件展示部分名诗、名画，学生通过直观感受，进一步品悟“诗中有画，画中有诗”的艺术境界。采用教师引导、学生思考、小组合作探究、展示成果、师生互动评价等教学方法。

一、吟诗配画，观画赋诗，让学生感悟“诗中有画，画中有诗”的意境美

1. 诗是无形画，吟诗配画

读懂了诗，心中就有了具象的画。课前我布置任务，请学生品读下列诗歌，为诗配画。画面的呈现形式可以是速写，可以是素描，也可以是色彩，这就在语文学习过程中让学生有了施展美术才华的空间。

课上，首先展评学生画作，评选出优秀作品。请获奖学生谈谈据诗配画的构思及创作过程。

（1）春景图

早春呈水部张十八员外

唐 韩愈

天街小雨润如酥，草色遥看近却无。
最是一年春好处，绝胜烟柳满皇都。

（2）夏景图

小　　池

南宋 杨万里

泉眼无声惜细流，树阴照水爱晴柔。
小荷才露尖尖角，早有蜻蜓立上头。

晓出净慈寺送林子方

南宋 杨万里

毕竟西湖六月中，风光不与四时同。

接天莲叶无穷碧，映日荷花别样红。

（3）秋景图

山　　行

唐 杜牧

远上寒山石径斜，白云生处有人家。

停车坐爱枫林晚，霜叶红于二月花。

（4）冬景图

江　　雪

唐 柳宗元

千山鸟飞绝，万径人踪灭。

孤舟蓑笠翁，独钓寒江雪。

以上的教学环节，意在让学生了解诗歌就是一张无形的中国画，有山有水有风光，有情有义有故事。

2. 画是有形诗，观画赋诗

诗情画意，历来是中国画的审美追求，是中国画的灵魂。看吴道子的山水、徐悲鸿的烈马、齐白石的游虾，都可读出诗歌的韵味和风采。尤其是中国的山水画总是充满着诗意。赏画要入心，入心则心生诗意，便可体会画家的情怀和作品的意境之美。

所以接下来我请学生品赏画作，展开联想与想象，调动知识储备，吟出相关诗句。这一环节采用抢答竞猜的方式，激发学生的兴趣，调动学生参与的积极性。

（1）第一幅画作

日照香炉生紫烟，遥看瀑布挂前川。
飞流直下三千尺，疑是银河落九天。
——唐 李白《望庐山瀑布》

（2）第二幅画作

天门中断楚江开，碧水东流至此回，
两岸青山相对出，孤帆一片日边来。
——唐 李白《望天门山》

（3）第三幅画作

枯藤老树昏鸦，小桥流水人家，古道西风瘦马。夕阳西下，断肠人在天涯。

——元 马致远《天净沙·秋思》

（4）第四幅画作

移舟泊烟渚，日暮客愁新。

野旷天低树，江清月近人。

——唐 孟浩然《宿建德江》

3. 诗、画、人相得益彰

在一幅好画上，凭借精到的书法功底题上一首与内容相得益彰的诗，可谓锦上添花。若三者皆上乘，则被人推崇为“诗书画三绝”。这样的诗画，不仅是对自然外物的形象描写，更是作者人格与灵魂的生动写照，这样的画家往往都有极高的文学、美学及人格素养。

接下来，为引导学生树立培养自身全面的文学、美学及人格素养的意识，大家一起欣赏两幅著名的诗画作品。

（1）王冕其诗、其画、其人

墨　梅

吾家洗砚池头树，朵朵花开淡墨痕。

不要人夸好颜色，只留清气满乾坤。

——元 王冕

王冕，元代诗人、文学家、书法家、画家。以画梅著称，尤工墨梅。其《墨梅图卷》画横向折枝墨梅，笔意简逸，枝干挺秀，穿插得势，构图清新悦目。虽不设色，却把梅花含笑盈枝的天然神韵生动地刻画出来，而且寄寓了画家那种清高孤傲的情怀。加上作者那首脍炙人口的七言题画诗，诗情画意交相辉映，使这幅画成为不朽的传世名作。

（2）郑板桥其诗、其画、其人

郑板桥在《竹石》画中的题画诗："咬定青山不放松，立根原在破岩中。千磨万击还坚劲，任尔东南西北风。"

郑板桥，原名郑燮，号板桥，人称板桥先生，清代书画家和文学家。"扬州八怪"的主要代表，以"诗、书、画"三绝闻名于世。

予告归里，画竹别潍县绅士民

乌纱掷去不为官，囊橐萧萧两袖寒。

写取一枝清瘦竹，秋风江上作渔杆。

他的一生分为读书教书、卖画扬州、宦游仕途、再次卖画扬州几个阶段。乾隆十七年（1752年）时潍县大旱，

郑板桥因为申请救济而触怒上司，他不愿与贪官同流合污，于是决定弃官回乡。临走时，潍县的士绅、百姓盛情挽留。郑板桥心情激动，当即画了一幅竹子留赠，画上题此诗，表现了诗人两袖清风、退隐回乡的决心和不愿与世俗同流合污而独善其身的高尚情操。离开时郑板桥雇了三头毛驴，一头自己骑，一头让人骑着前边领路，一头驮行李。做县令长达十二年之久，却清廉如此。从此，郑板桥回乡再以画竹为生度过了他贫寒而很有气节的一生。他一生只画兰、竹、石。他认为兰四时不谢，竹百节长青，石万古不败。

郑板桥还题过几幅著名的匾额，"难得糊涂"与"吃亏是福"脍炙人口。

我在课堂上设置这一教学环节，意在让学生了解"诗、画、人"三者之间的内在联系，要让学生有意识地培养自身文学、美学及人格方面的素养。王冕为元代诗人、文学家、书法家、画家；郑板桥为清代书画家、文学家、书法家，历史上还有不少像王冕、郑板桥这样的书画大师，如齐白石、唐伯虎等。他们均以"诗、书、画"三绝闻名于世，他们的诗抒其情怀，他们的画绘其风骨，正所谓"诗画皆以人重"，大师们的诗文书画之所以流传千古，都与他们自身高贵的品格有关。

二、赏析经典，把握技巧，品味诗歌中的绘画美、人性美

我设置这一课堂环节，意在通过赏析经典诗作——王维《使至塞上》《山居秋暝》，让学生学会鉴赏诗画一体的古典诗词，感悟其中的诗情画意，理解作品中诗情画意的表现手法。

我选取的是诗画结合的典范——唐代山水诗人王维的作品。

1. 感受《使至塞上》的画面美

"大漠孤烟直，长河落日圆"描绘了塞上特有的风光，细细品味，这两句诗的确就是一幅完美的图画。

空间美——画一样精巧的构思，从天边的落日到空中的烽烟，到地上的河流；从近处的烽烟，到远处的夕阳，再到绵延的大漠，空间阔大，层次丰富。

形态美——画一样讲究的线条，从画面背景看，是无边无际的沙漠；从景物线条看，纵的有直上的炊烟，横的有蜿蜒的黄河，圆的有西下的夕阳。

色彩美——画一样绚丽的色彩，黄色的沙漠，橘红色的夕阳，闪着白光的黄河水，还有缓缓上升的白烟，极具画面的色彩美。

2. 品味《山居秋暝》的绘画美

空山新雨后，天气晚来秋。
明月松间照，清泉石上流。
竹喧归浣女，莲动下渔舟。
随意春芳歇，王孙自可留。

首先向学生明确鉴赏方法：诵读、抓意象、想象联想、意境、缘景明情 。

（1）诗歌的绘画美，要借助“意象”来表现

设疑：本诗中王维选取了哪些意象？

——“山”“雨”“月”“泉”“松”“石”“竹”“浣女”“莲”“渔舟”

设疑：诗中所选意象的寓意及可能承载着作者怎样的思想感情？

——明月：皎洁，静谧，安宁——内心平和，情操高尚

松柏：坚挺，傲岸，耐寒——正直，高洁，坚强

清泉：清灵，洁净——生命，活力，高洁

翠竹：正直，向上——气节坚贞，品质高洁

（2）诗歌的绘画美，要展示出物象的特征

设疑：诗中的意象有哪些特征？

——空、新、明、清、喧、浣、动

表现手法：远近结合、高低结合、点面结合、动静结合，以动衬静。

（3）诗歌的绘画美，要描摹出物象的色彩和声音

“明月松间照”侧重写“色”，“清泉石上流”侧重写“声”。

表现手法：声色结合即视听结合。

（4）诗歌的绘画美，在于创设意境，传达情怀

设疑：本诗是“诗中有画”的代表作。全诗展现了哪些美丽的画面？

第一幅：“空山雨霁图”——清新宁静美好，自然美

第二幅：“月照松林图”——清新宁静美好，自然美

第三幅：“石泉映月图”——清新宁静美好，自然美

第四幅：“浣女晚归图”——勤劳淳朴祥和，人性美

第五幅：“月夜归舟图”——勤劳善良淳朴，生活美

这五幅画面，有声有色，有静有动，有景有人，景美人美，天人合一，展现了清新秀丽的乡村田园生活图景。

“一切景语皆情语”，山村风景如此清幽，民风如此淳厚，这正是诗人理想的生活环境，他不愿回到纷纷扰扰的世俗生活中去，而乐于归隐此地，这就给结句“王孙自可留”作了有力的铺垫，同时为彰显诗人热爱自然、追求高洁的人格美作了很好的注脚。

课堂最后，为引发学生的深思，我作了如下小结：自民国以来，特别是“五四”后白话诗兴起，冲淡了人们对古典诗词诗画美的追求，影响了中国传统诗画精神的传承，尤其是当代，即便从事中国画创作，看重的也只是笔墨、构图、色彩等绘画技巧，而不重视培养全面的文学、美学及人格素养，无论画与人，似乎多了份俗气，少了份风骨。这一点希望能引起各位美术学子的关注。

第三章 研究与收获

地僻无溪路，人寻逐水声

——与学生谈语文学习

北京景山学校曹妃甸分校　韩越俊

晚自习前的休息时段，我在办公室读会儿闲书。这时有人喊报告进来，走到我跟前。我抬头一看，是张子萱。她是高二理科班的一名女生，数理化成绩一直还算不错，偏偏语文成绩总是拖后腿。这时我看到她沉着脸，眼睛红红的，似乎有泪水快流下来了。我赶紧询问原因。她说她最近一段时间一直在做语文习题，可这次期中成绩还是非常不理想，问我学语文到底有什么用。说完还把她自购的练习册扔在了我办公桌上，似乎还有点愤恨之意。我赶紧让她坐在办公桌对面的位子上，跟她聊聊我的看法。

首先，在高中阶段，我们为什么还要学语文？

当然，按照最为功利的想法，肯定是高考要考语文，而且是主科，所以我们就必须要还学语文。确实，我们现在的学校教育特别功利，无论是从我们学校、老师、家长角度，还是从你们自身来看，好像语文的学习就是为了高考出成绩。但如果学语文总是抱着这种心态，就会失去语文学习该有的乐趣，甚至闹出笑话。清华附小校长窦桂梅老师曾在一次讲座中说过她的经历：

“我女儿 2008 年高考，当年我把一些考卷拿来做分析，这是一个学了 12 年母语的孩子闹的一个笑话，‘当俞平伯为钟子期摔琴之时，他所寻找的是高山流水，琴声是他的愿景’。俞平伯 1990 年才去世，钟子期 2500 年的事，俞平伯还给钟子期摔琴？还有像‘居里夫人发明了鱼镭’、‘尽管司马迁多次遭受宫刑，但他忍受住一次又一次的痛苦’等等的笑话。”

你看，这就是语文学习中最基础的传统文化常识、汉语常识与逻辑思维常识不到位，造成的可笑结果。

其实抛开这种急功近利的想法，我们要知道语文是什么。语文是什么？我们的语文首先是汉语，是中华儿女历经千秋百代延续相传的语言文字及文化符号，它蕴含着不同性质、不同层次的思想与感情，负载着最宽泛、最深刻的教育内容。我们学习高中语文，是追求四个语文核心素养的提升，包括语言建构与运用、思维发展与提升、审美鉴赏与创造、文化传承与理解。这样说对你而言可能很枯燥，换个文学点儿的说法，就是通过语文学习，让你的人生渲染上更多瑰丽的底色。语文的学习过程可以培养一个人的语言表达能力、思维方式、理解能力等，学习语文就是深化我们对人生、对社会、对生活、对文化的认识，提高我们的思维境界。从这种意义上说，语文覆盖我们生活的一切，参与我们思想的一切。可以说，这也是语文不同于乃至高于其他学科的所在。

真正地学好语文，能提高一个人的修养，改变一个人的气质，提升人生境界。经过了语文“润物细无声”般的浸润，男生往往会变得俊逸儒雅，女生也会变得端庄优雅，这就是我们常说的“腹有诗书气自华”。这些由内而外散发出来的气质，会迥然相异于那些没学好语文的人。为什么会这样大相径庭呢？文字、文学、文化在身体里发酵，酝酿成了气质。和语文好的人交流，你可以感觉得到，他们的谈吐往往让人感到舒服，身上自然有一种温和与亲切的气质。语文不错的人，大都读过不少书，尤其是读过不少国内外经典文学著作。书中虽然没有“黄金屋”，但是文学的浸润涵养，让他们懂得善良、宽厚、乐观、谦逊、大气、坚韧，这便是提升了做人的境界。

真正地学好语文，能增强你对美的敏感度，提高审美情趣，让你的人生更有厚度。德国诗人荷尔德林说：“人，诗意地栖居在大地上。”但并非所有人都懂得“诗意地栖居”。比如，我们现在的人都喜欢旅行，你去庐山看到瀑布了。这时你的第一反应是“啊！好壮观”，还是“飞流直下三千尺，疑是银河落九天”，抑或是“拔地万里青嶂立，悬空千丈素流分”？一个人的语文水平不同，由此而来的文化底蕴和文化修养就不同，最终感受到的美自然也不同。因此学好语文，我们可审美的区间也就扩大了，映入眼帘的美好事物便会更多，内心会更平和、更温润，我想人生也会更加明朗美好。

所以，我想首先你应该把心态调整好，不要过度功利化追求语文成绩，而是试着爱上语文，探索语文。

其次，在高中阶段，我们为什么更要学语文？

四十多年前，数学大师苏步青先生任复旦大学校长时曾言：“如果允许复旦大学单独招生，我的意见是第一堂先考语文，考后就判卷子。不合格的，以下的功课就不要考了。语文你都不行，别的是学不通的。”

苏先生这番话说得已经非常清楚了，语文的学习，从学习者学习能力的角度来看，不仅对于语文本身有价值，而且对于其他学科的学习都是很有价值的。文本的阅读能力、思维的逻辑思辨、语言的表达能力，这些都是语文学科核心素养的具体体现，是学习其他学科的必要基础能力。可以说，这些能力你在语文学习中没有涉及、锻炼、掌握、提升，那么你的其他学科学习也必然存在或这或那的问题，很难达到更高的水平。（这时张子萱插话说：“真的，真是这样的，有时候我读生物书上的有些话，还不是专业的话，我都读不懂，非得老师分析。”）

从纯功利的角度看，随着高考制度的进一步改革，语文受到前所未有的重视。高考语文卷面将由原来的7000字增加到1万字，并且还要进一步强化其思辨性、复杂性、扩展性特点。所以现在大家都在高喊：“语文为王”的时代已经到来。

因此，你确确实实应当在语文学科的学习上卖力气，下功夫。但是“为什么做了一段时间的练习题不见成效”，其实，语文分数这个事，跟前边说的语文素养不完全成正比，还跟解题技巧有关系。你可以看看身边，凡是成绩好、分数高的同学，都是既有语文素养，又掌握了解题技巧的人。你做练习题是为了训练技巧，可还是少了语文素养。提高语文成绩到底怎么办？这个问题，我下边给你说说。

大体上，语文学习的方式是什么？

相声讲“说学逗唱”四门功课，语文讲“听说读写”四项技能。这其中，高中语文学习有两个避不开的话题，即阅读和写作。

首先我们要通过大量的阅读，培养语感，积累知识。你必须有大量的阅读，现代文的，文言文的，古诗词的。即使是抱着功利的目的，如果能因此潜下心去读书，也是大大的好事情。读书多了，就会积累下知识，培养出语感。语感是一种挺玄妙的东西，当一个人见多了经典、熟悉了经典中语言的运用方式，他再回过头去做题时，在内容庞杂的试卷文本中可以很容易地找到正确的东西，因为他一直以来都在阅读着那种语言的“正确”。

其次是再现，或者重现。积累的东西，并不是说你就能长时间不忘了，实际上根据艾宾浩斯遗忘曲线理论，以及心理学的其他相关研究，记忆过的内容很快就会被遗忘。为了增强记忆效果，减少遗忘，我们需要时不时地把相关记忆材料重现出来。语文学科的一个特点就是通过反复地使用相同知识点来做到记忆内容的再现。

最后是迁移。迁移能力是任何学科学习所必需的能力。我们学习任何知识都要从甲问题入手学习，迁移到解决乙问题。真正解决了乙问题，就称为“学会”。这不仅是知识的积累问题，而且涉及知识运用的能力问题，也是学习的真正意义所在。

至于说到“为什么我总是语文成绩不见上升，排名靠后？可我最近一直在认真学语文”，我想说的是，语文的学习不是一蹴而就的。我们想，数理学科，它们重点在明白原理，并运用原理解决问题。一旦原理弄懂，相关试题就比较容易做出来。而语文涉及的面非常宽泛，需要大量的积累，同时现在也强调阅读量（试卷上），如果你过去缺乏积累，很少阅读，那么就很难通过一段时间的努力取得理想的成绩。确实你一段时间努力了，但很可能在考试时成绩不仅没有体现上升，甚至较之前还出现下降。这都是可能的。这就是为什么高考前很多人会突击补课，补数理化，而很少人突击补语文。语文学习，要是没有积累内化，即使补了应试技巧，也只能是空中楼阁。

那是不是你就不学了？绝对不是。你越是认为学语文没有用，越不会花时间在语文上，语文成绩最终就会越差。举个文言文的例子，“比武京城”，你感觉这里少了什么东西吗？（张子萱说：“缺少‘于’字。”）我们想想你自己高一入学时，如果我同样问这个问题，有多少人能快速地回答这个问题？我们虽然之前在初中学过文言文，但基本没有学过文言语法。所以高中一入学遇到语法问题，大部分同学都是懵的。但是现在呢？经过了一年多的学习，大部分同学对文言文产生了相当的语感，可能你在语法上仍然说不清楚为什么，但你知道这里少了一个“于”字。语文的学习，乃至很多学科的学习都是要经历一个“不懂—懵懂—模糊—较清晰—再模糊—清晰”的过程。比较你之前的“不懂”，你至少目前进入了“模糊”的阶段。你没觉得你已经有了不小的进步吗？

很多时候，我们不要总是跟身边的同学比较，而是要跟之前的自己比较，你难道没觉得自己不知不觉中已然学会了很多知识点吗？你应该享受这种收获感！

我们的谈话以张子萱的认可理解结束，之后的一段时间，果然看到她利用课下时间在读一些名著节选，上课也积极了，眉头间的纠结也舒展开了。我想她一定是明白了语文学习是为了什么和怎么做吧。

佳言玉屑，美意泉流

廊坊市第八高级中学　张培双

高中的文言文考查，要求学生能读懂浅易文言文，学习用现代观念审视作品的内容和思想倾向。我在平时的文言文教学当中，除了抓住课本教学以外，还爱领着学生读课外的文言文。

开始我讲课外文言文的时候，只是把文言文当中重要的字词、句式挑出来，让学生做上详细的笔记，作为提高文言文阅读能力的积累。总之，这样学习，文言文还是一个学习语言的范本。

不过我自己非常喜欢课外的一些文言文，尤其是一些史传类的文言文，那里面有许多精彩的小故事。

有一次考试，我们文言文的阅读题目里面有一篇《陈书·徐陵列传》，我在备课的时候，看着看着文章，发现他“使魏，魏人授馆宴宾”，显然这是他出使到北朝的经历，后来我又读到“会齐受魏禅”，这个“齐”不是南朝宋齐梁陈的齐，应该是北朝的北齐，如果我不把这段历史稍微讲一讲，那学生一定会比较糊涂，难以理解。于是我就把南北朝的历史概况列在黑板上，这样学生看起来比较明白，配合文章好讲解，而且后文讲到侯景之乱的时候还会用到。

北朝：北魏

{—东魏—北齐
 —西魏—北周

南朝：宋—齐—梁—陈

学生在考试的时候已经仔细读过这篇文言文了，上课我们就共同翻译探讨。

我们讲到“是日甚热,其主客魏收嘲陵曰:‘今日之热,当由徐常侍来。’陵即答曰:‘昔王肃至此，为魏始制礼仪；今我来聘，使卿复知寒暑。’收大惭。”学生感叹说，徐陵真是有口才，反应机敏。我说你们看他的口才好在哪里？反应机敏在哪里呢？学生说他反击了对方，还比较有分寸，不伤和气。我说这是情商高，是智慧的表达。能不反击吗？学生说不能，他出使是代表着自己的国家的，所以他会审时度势，恰到好处地应对。我们又在这里升华一下，历史上有哪些人的口才比较好呢？学生马上想到了诸葛亮舌战群儒，想到了我们在课文当中学到的烛之武退秦师。这样就把我们曾经学过的知识整合起来了。

我们在讲到第二段的时候出题人把历史跳过了一段，于是我就给他们补充讲解。陈霸先代梁建陈，徐陵纵然没有客死异国，返回国家的时候也已经成了贰臣，他有幸回国又被任命了官职，感于知遇之恩，本来应该逢迎主上，可是他竟然敢在朝堂弹劾安成王顼，我们齐读：“时安成王顼为司空，以帝弟之尊，势倾朝野。直兵鲍僧叡假王威权，抑塞辞讼，大臣莫敢言者。陵闻之，乃为奏弹。导从南台官属，引奏案而入。世祖见陵服章严肃，若不可犯，为敛容正坐。陵进读奏版时，安成王殿上侍立，仰视世祖，流汗失色。陵遣殿中御史引王下殿，遂劾免侍中、中书监。自此朝廷肃然。”我说同学们，你们从这一段当中可以看出徐陵是个怎样的人啊？

学生们都对他的行为感到敬佩，还想了许多词语褒扬他，有的学生说他忠于职守，办事严肃认真，有的学生说他正直无私，还有的学生说他刚正不阿，是一个有骨气的大臣。

我给学生补充了一下后续的结果。我说，同学们，后来他弹劾的这位安成王顼当上了皇帝，就是历史上的陈宣帝，你们能猜到他会怎样对待徐陵吗？同学们都笑了，说以前他做王爷的时候徐陵得罪过他，等到他当了皇帝，徐陵一定是很倒霉，会受到皇帝和大臣的打击和排挤。我说出人意料，皇帝对徐陵十分敬重依仗，没有撤职查办反而还升了他的官，官升得很高，到尚书左仆射。这个位置一般是皇帝的亲信坐的，徐陵向皇帝推辞再三，皇帝还是把这个位置交给了他，你们知道这是为什么吗？

这下学生都不说话了，这个问题引起了他们深深的思索。他们反复地思考，就把这个问题想通了。有的学生说，皇帝需要这样的忠臣帮他治理天下。也有的学生说，这么看来陈顼也是一个心胸广阔的人，这方面可以和唐太宗相比。还有一个学生很深入地说，他虽然弹劾过陈顼，但是陈顼知道他做这些事没有私心，也许当时会不高兴，但是并不会讨厌他。我说，同学们说得都特别好，这样的人才高八斗而无骄矜之色，恪尽职守而不论身份地位，这样的人正可以做国家柱石。这样的人你可以不喜欢他，但你却不能不尊重他，别人对他的尊重就源于他的学识与人格的高度。学生们深以为然。

我们在讲到皇帝选择北伐将军的时候，徐陵力排众议，举荐了大都督吴明彻和监军裴忌，北伐大获成功，高宗置酒奖赏他知人善任，他回答皇帝说："决策出自圣上的意愿，不是我的功劳。"学生们称赞他任人唯贤，不人云亦云，而且不矜功伐，谦逊低调。

后来我们讲到徐陵有一些贫穷的亲属，他领食的建昌邑把米送到水边，徐陵让这些亲属都来领取，数天就领完了，以至于徐陵自己家不久也贫困了。这件事引起了学生们的广泛讨论，他们用现代人的眼光来看，都觉得徐陵这样的做法简直是不能理解，不止一位学生站起来问，老师，他为什么要把自家的米分给亲戚。有的说他大公无私，是做善事，有的学生说他太傻了，因为他自己家也贫困了。学生想了半天，也不得要领，我引用了史书的记载来回答：同僚们也对他这样的做法感到很奇怪，向他询问其中的缘由，他回答说，我家有车、牛、衣裳可以卖掉，换钱维持生活，而其他家有什么可卖的呢？同僚们听了无不叹服。我还给学生讲了古文里的亲戚指内亲外戚，现代的亲戚指关系远一些的亲属。讲完了以后，学生对他这种为官清廉、心地宽厚、扶困济贫的高贵品格更加敬佩。

学完了这篇文章以后，过了一段时间，我们学习《孔雀东南飞》，这篇课文正是出自徐陵所编的《玉台新咏》。学生问我，老师这是以前我们学的那个徐陵吗？我说：是啊，就是同一个人，哪位同学想要介绍一下他呀？没想到学生们抢着举手，一位学生站起来说，他口才特别好，与西魏的人针锋相对，维护了国家的尊严。有的学生说他大胆正直，在朝廷上就敢弹劾皇帝的亲弟弟。有的学生说他特别清廉大方，不但自己不置产业，还将家中粮食分散给亲属等等。我惊奇地发现，时间已经过去一个多月了，徐陵，这一人物形象竟然还深深地刻在学生的脑海里，甚至他们在讲述这些信息的时候，连“文章被之华夷”“假王威权”这样的文言词汇都能够信手拈来，甚至没用复习，就连故事带人物形象及文中的词汇都记忆深刻。

课后我想，为什么会有这样的效果？也许是徐陵的人格魅力，这一文学形象光彩照人。第一次我向学生讲文学常识，是由学生自己来讲述的，还讲述得这样丰富而生动。以前的时候我们介绍徐陵都是这样一段笔记：徐陵，字孝穆，东海郡郯县人。南朝著名诗人和文学家。与庾信齐名。学生印象不深，只能死记硬背，毫无趣味可言。通过这篇文言文的学习，原本陌生的历史人物变得立体鲜明、生动感人，我想这才应该是语文课的本来面目。

学生们爱学乐学，学完印象深刻，学习文言知识的同时还积累了作文素材，陶冶了情操，真是一举多得。

中国的古典文学浩如烟海，其中不乏精彩华章等我们用心采撷。前人评徐陵的文章说，真如美意泉流，佳言玉屑。课后我选择了一段徐陵滞留异国时所作的一段荡心回肠、摇曳多姿的文章与学生共享：“岁月如流，平生几何？晨看旅雁，心赴江淮；昏望牵牛，情驰扬越。朝千悲而掩泣，夜万绪而回肠，不自知其为生，不自知其为死也。”

我的微专题

廊坊市第八高级中学　付润华

在带领学生进行知识点复习的时候，最常出现的问题就是错题还会错，同样的知识点反复讲解和训练，一旦变换一种形式进行考查，同样的错误还会出现，这几乎已经成了一种普遍现象。在教学实践中，为了解决这种痼疾，老师们尽心竭力地不断探索，试图打破这一怪圈，可最终的结果往往是事倍功半，高投入低产出的现实让老师伤透了脑筋。近年来，有的老师开始尝试利用微专题的方法解决问题，实践证明效果不错。我在自己的教学实践中也尝试了一下，从教学效果来看，应该比传统的复习方法有较大改善。下面是我的一节古诗词复习的课堂实录。

一、课堂实录

师：同学们，我们在古代诗词的复习中最常见的一个知识点是意象，诗人们妙笔生花，写出了无数脍炙人口的不朽诗篇，带给我们无尽的艺术享受。请大家结合课文《说“木叶”》，在脑海中搜索一下，还有哪些意象和“木”与“树”有相似之处。我提示一下，从概念上说“木叶”就是“树叶”，原本没有什么可以辩论之处，完全可以不必探讨二者的不同，可是在林庚先生的探究之下，我们惊奇地发现了“木”与“树”的巨大差别，在不同的情境下，使用“木”和使用“树”这两个意象的表达效果以及提供给读者的感受截然不同，尤其是在诗歌的形象思维之中，前者不断发展，后者则少人问津。从特征角度分析，用“树”字可以使人联想到繁茂的枝叶、绿色洋溢，即使是老干虬枝也是有褐绿之色。用“木”字则使人感到的是木质的树干、枯落干燥、缺少色彩与生气，进而联想到落叶的萧索；从意味角度分析，“树”

字意味饱满，“木”字意味疏朗；从使用场合角度分析，“树”字用在描写“满树叶子吹动、浓阴密密层层”之景时，“木”字则使用在描写秋风叶落、天气肃杀之景时。有很多词语的意思是相同的，只是叫法不同，可是中国古代文人在诗歌中群体性地选用一词而弃用另一词的现象屡见不鲜。请同学们找一找，这种现象在我们学过的诗歌中还有哪些？

生：“船”和“舟”。钓罢归来不系船，江村月落正堪眠。

生：姑苏城外寒山寺，夜半钟声到客船。主人下马客在船，举酒欲饮无管弦。

生：去来江口守空船，绕船月明江水寒。楼船夜雪瓜洲渡，铁马秋风大散关。等等。

师：有哪些诗句是用“舟”而不用“船”的？

生：细草微风岸，危樯独夜舟。

生：两岸猿声啼不住，轻舟已过万重山。

生：舟遥遥以轻飏，风飘飘而吹衣。春潮带雨晚来急，野渡无人舟自横。

生：壮年听雨客舟中，江阔云低，断雁叫西风。

师：好！同学们找得非常好，确实如此，有的诗句作者选择了“船”这个意象而没有选择“舟”，有的则相反，用“舟”而不用“船”。那么，请同学们想一想，为什么会有这样不同的选择？按照我们分析《说“木叶”》的思路，大家从不同的角度分析一下二者的区别。

生：从特征角度分析：用“船”突出大，设备齐全；用“舟”字，则多为突出小、轻灵、朴素甚至简陋的特征。

生：从意味角度分析：用“船”字多有豪华、安逸、壮阔之意；用“舟”字，则侧重表现萧索、漂泊、孤独、飘逸等。

生：我认为，用“舟”字多是想表现旅途、宦游、羁旅、归隐之时的心境。

师：同学们回答得很好，分析得很到位，很准确。还有一种情况，有时候我们认为可以用“船”或“舟”的时候，作者却选择了“帆”来表达，这又是为什么呢？大家可以找出一些诗句来进行分析。

生：两岸青山相对出，孤帆一片日边来。

生：潮平两岸阔，风正一帆悬。

生：长风破浪会有时，直挂云帆济沧海。孤帆远影碧空尽，唯见长江天际流。

生：沉舟侧畔千帆过，病树前头万木春。

生：遥认孤帆何处去，柳塘烟重不分明。鄂渚轻帆须早发，江边明月为君留。

师：很好。可以结合诗句具体分析一下吗？

生：两岸青山相对出，孤帆一片日边来。这里用帆是因为帆有一种震撼力，帆是高大的，是竖直向上的，人是水平运动的，是贴近地平线的动物，帆能够打破视觉的审美疲劳，给人一种拔起的效果。

生：孤帆一片日边来，以红日青山为背景，帆影晃动，仿佛来自太阳，很有震撼力。

生：潮平两岸阔，风正一帆悬。潮水上涨，两岸显得更加宽阔了，需要有冲破水平景物的物体，使视觉产生一些变化，帆便起到了这样的作用。

生：孤帆远影碧空尽，唯见长江天际流。诗人送别好友，一直在眺望着朋友远去的方向，最后只能看到帆了，因为"帆"是船的最高点，这就产生了"离恨恰如春草，更行更远还生"的效果。帆的高度使它在人的视线中最后消失，这个消失是渐渐地，本来诗人的离愁有帆这一寄托物，帆越来越小，相思越来越浓，随着帆的消失，送别的离愁到了顶点。

师：大家分析得很有道理。那么，我们继续寻找这样的意象，巩固一下我们的思维成果。打开思路，拓展一下。有些量词的使用也很有意思，看我们能不能找出来。

生："黄河远上白云间，一片孤城万仞山"中的"片"就很有特点。我们一般说城池往往用"座"来当量词，可是这里却用"片"来当量词，我觉得其中一定有说法。

师：是的，那我们就集思广益，分析一下吧。

生：诗人为这座城设置的背景是"万仞山"，山是层峦叠嶂的，用"片"字来作"城"的量词，给人的感觉是城很单薄，像一片片小石片插在层峦之中，意在突出其"孤""小"和"不稳定性"。用"座"则显得四平八稳，规模大，突出的意蕴则更像一座边疆重镇，而不是远悬的孤城。

生：洛阳亲友如相问，一片冰心在玉壶。作者没有说"一颗冰心在玉壶"，而是说"一片冰心在玉壶"，这里应该有讲究吧。

师：同学们可以分析一下，畅所欲言啊。

生:我认为用“片”来形容“冰心”给人一种透明的感觉,如果用“颗”来修饰“冰心”就不会有这样的效果。“一片冰心在玉壶”很恰当地表达出主人公对洛阳亲友的赤诚之心。

师：这是量词的妙用。还有的诗人在写“酒”的时候要加以修饰，比如“浊酒”这个意象，大家可以想一想和“浊酒”有关的诗句，然后来分析一下。

生：万里悲秋常作客，百年多病独登台。艰难苦恨繁霜鬓，潦倒新停浊酒杯。

生：懒慢无堪不出村，呼儿日在掩柴门。苍苔浊酒林中静，碧水春风野外昏。

生：浊酒寻陶令，丹砂访葛洪。江湖漂短褐，霜雪满飞蓬。

生：浊酒一杯家万里，燕然未勒归无计。羌管悠悠霜满地，人不寐，将军白发征夫泪。

生:白发渔樵江渚上,惯看秋月春风。一壶浊酒喜相逢。古今多少事,都付笑谈中。

生：一壶浊酒尽余欢，今宵别梦寒。

师：很好。在这些诗句中，“浊酒”都有什么样的意味?

生：用浊酒更多是一种忧国忧民的情怀和气质。这些诗歌大都是作者境遇不太顺利或者心情忧郁苦闷时写的，所以，忧国忧民忧自身的意味很浓重。

生:特别是这些诗句以杜甫的居多,联系杜甫的人生经历,这种特点就更突出了。

师：和“浊酒”相对的是什么?

生：清酒。

生：美酒。

师：找一些例句。

生：金樽清酒斗十千，玉盘珍羞直万钱。停杯投箸不能食，拔剑四顾心茫然。

生：五花马，千金裘，呼儿将出换美酒，与尔同销万古愁。

生：新丰美酒斗十千，咸阳游侠多少年。相逢意气为君饮，系马高楼垂柳边

生：葡萄美酒月光杯，欲饮琵琶马上催。醉卧沙场君莫笑，古来征战几人回?

生：兰陵美酒郁金香，玉碗盛来琥珀光。但使主人能醉客，不知何处是他乡。

师：大家分析一下这些“清酒”“美酒”有什么意味。

生:既然“清酒”“美酒”和“浊酒”相对,那么,它们的象征意味也应该是相对的。“清酒”或“美酒”应该是在作者境遇顺利或心情大好的时候才用。比如李白的诗句中有很多就是用“清酒”或“美酒”来写自己的心情。李白的经历比杜甫要顺利得多，所以他的诗歌中写“清酒”或“美酒”的很多。

师：是的，说得很好。同学们，我们今天用一节课的时间对于古诗中的意象进行了专门探讨，同学们表现得非常好，我们这节课可以称为微专题，因为这种方式不同于以往大专题的复习，我们仅仅就诗歌中的意象做了复习。大家觉得这种方法怎么样?

生：我们很喜欢！往后还可以这样复习，因为记得更清楚。

师：好吧，既然同学们很欢迎这种形式，那我以后尽量满足大家的心愿。下课。同学们再见。

生：老师再见!

一节课结束了，但我的思考才刚刚开始。在这节课中，有了一些令我很惊喜的发现。

首先，和传统的专题复习比较起来，微专题给学生带来了更多的兴趣，课堂上学生们积极主动地思考，争先恐后地发言，深刻而有条理的分析都给我留下了深刻的印象，我似乎看到了一个不一样的课堂在等待我去发掘，去创造。

其次，传统课堂的沉闷压抑不见了，取而代之的是一个活跃的、充满了创造性的课堂。学生们在这里尽情发挥着自己的聪明才智，他们如同富矿，深埋着无限的宝藏，就看我们这些老师是不是善于做一个聪明的“矿工”。我们应该引领学生思想的“风暴”，让他们的智慧在阳光下熠熠生辉。

第三，这一节让学生们恋恋不舍的课也让我异常轻松，因为都是学生在探究，我只需要作一些适时的点拨即可，但这节课的效率却很高，效果很好，由此我想到，教师应该给自己减负，应该“懒”一些，“懒”教师恰恰可能造就更加主动、更加积极的学生。如果老师过多地包办代替，学生就会越来越懒惰。这其中的辩证关系我们一定要想清楚。

阅读教学的本质

唐山教科所　卢锡泽

如何上好一堂语文阅读课？首先要搞清楚阅读课的本质是什么。《义务教育语文课程标准》是这样为阅读教学下定义的："阅读教学是学生、教师、教科书编者、文本之间对话的过程。"我们紧紧围绕阅读教学的本质——备课和上课本质上就是多重对话过程。通过大量课例，介绍在备课和上课阶段，教师是如何与学生，与教科书编者、与文本对话的；又是如何引导学生完成上述多重对话的。通过具体的课例引导老师们探索语文教学最本质的规律。

主持人：唐山市电教馆馆长陈国忠

现场专家：唐山市高中语文教研员卢锡泽

参与人：唐山一中江晖，唐山八中王宏

【陈】大家好，首先向大家介绍一下本期参与教研的嘉宾：

唐山市高中语文教研员卢锡泽；2017 年部级优课获得者唐山一中语文教师江晖老师，2017 年部级优课获得者唐山外国语学校王宏老师，我是本期主持人唐山市电教馆馆长陈国忠。

上一堂好课是每位教师的不懈追求。尽管成功的、有魅力的课堂异彩纷呈、风格各异，但这些好课又都具有共性。今天我们就结合两位老师的部级优质课与学科教研专家一起谈一谈如何上一堂好的语文课。

卢老师，您看，两位老师的这两节课例都是阅读课，那么咱们就从阅读教学切入，从阅读教学的本质谈起吧。

【卢】什么是阅读教学呢？2011 版《义务教育语文课程标准》是这样为阅读教学下定义的："阅读教学是学生、教师、教科书编者、文本之间对话的过程。"

提到对话，一般人们认为对话发生在课堂上，其实多重对话从教学设计已经开始了。好的语文课一定要有好的设计。有很多老师一提到教学设计，往往关注的是教学方式，即"怎么教"，但却忽视了上好一堂课的根本前提教学内容设定，即"教什么"。一堂课，尤其是一堂语文课，教学内容的设计是非常有学问的。

一、设计一堂好课如何对话

【江】我特别赞同卢老师的观点。记得上海师大的郑桂华老师打过一个很生动的比方，她说数理化啊、历史啊这些教材的章、节内容，好比超市里出售的"小包装食品"，既方便选择，又便于处理；而语文教材的课文则如自由市场里活着出售的"整鸡""全羊"，虽然外观鲜活且营养丰富，却让一般消费者无从下手。

【王】嗯，我也深有感触，做一个语文老师很不容易，别的学科的老师考虑得更多的是怎么教的问题，因为他教的内容是比较确定的，而我们语文老师不一样，比别人多了一个环节，要先过好教什么这一关。

【卢】这是很考验语文老师的，想上好一堂语文课，首先要解决好"教什么"的问题。巴班斯基说过："是教学目的与内容决定了教法，而不是其相反。"所以，从某种程度上说，"教什么"决定了应该"怎么教"，并影响着"教得怎么样"，设计好"教什么"，这是你开展有效教学的重要前提。

【陈】江老师先以你的这节部级优课为例来说说你是怎么确定教学目标和教学内容的吧。

【江】我讲的是苏轼的《文与可画筼筜谷偃竹记》，选自选修教材《中国古代诗歌散文欣赏》的第五单元，单元主题是"散而不乱，气脉中贯"。教材编者把本文编入这个单元非常恰切，因为本文"散而不乱，气脉中贯"的特点极其突出。这是一篇祭文，悼念文与可的，一共三段，第一段写画竹的理论；第二段记往昔三件趣事，都与画竹和偃竹画有关，第三段交代写作缘起，是睹画思人。全文都以画竹和竹画为线索组织材料。而且这不仅仅是串联文章的线索，同时也是意脉。比如第一段写绘画理论，每个读者可能都有这样的困惑：这段是不是旁逸斜出呢？好像与表达悼念之情关系不大呀。其实编者也想到了这一点，课后“探究·讨论”的第二题就是这样设置的：“本篇既谈‘胸有成竹’的绘画理论，又记《偃竹图》的由来和种种有关琐事，它的出发点是说理还是抒情？文章的中心是什么？”显然编者是想引导学生思考苏轼写绘画理论用意何在，从而体会“苏轼文章放得开，横说竖说都能为表达自己的思想情感服务”这一特点，也就是本单元主题“散而不乱，气脉中贯”。因此我在确定教学内容的时候就抓住了“竹画”这条线。

除了这条线，还有“一个点”。其实这篇文章是特别能体现苏轼的文风和性情的，我个人非常喜欢。本来一般的祭文都是那种哀伤悲痛的风格，比如这篇文章前一篇选的就是韩愈的《祭十二郎文》，非常感人的祭文。

【王】我们老说“读《出师表》，不下泪者，其人必不忠；读《陈情表》，不下泪者，其人必不孝；读《祭十二郎文》不下泪者，其人必不友”嘛。

【江】对呀，《祭十二郎文》最后写的是哭天抢地椎心泣血。但本文不一样，苏轼是在诙谐轻松地给你讲述往昔的趣事，一边听你会一边笑，但讲到最后他却“哭失声”了，而仅文末这一笔——三个字“哭失声”，就足以让一直笑着的我们对他心中那份沉重的悲痛感同身受。你会感觉到苏轼对文与可的那份感情一点儿也不比韩愈对十二郎的那份感情单薄，甚至是更丰富更厚重。所以我抓住的这个点就是“为何‘戏笑而成泪’”，以此为突破口深入解读文本。

我想好的语文课必须跳到人文性的层面上来，尤其是古诗文的课更要有文化情怀。高二的学生已经接触过不少苏轼的诗文作品了，像《记承天寺夜游》《赤壁赋》《定风波》《方山子传》等等，对苏轼的性格、为人和文风也有一定了解，因此这节课就是想带学生深度解读文本，充分体会苏轼文章不落俗套、姿态横生的特点，深入理解蕴藏在戏笑之言里的那份有趣而风雅、真挚而深厚的情谊。这“一条线”和“一个点”就是我找到的解读文本的密码。

【卢】这个密码找得很准啊，找到这“一个点”和“一条线”这篇文章就被拎起来了，就“纲举目张”了。江老师怎样找到这“一个点”和“一条线”的呢？是在与学生、与教科书编者、与文本对话中找到的。

“阅读教学是学生、教师、教科书编者、文本之间对话的过程。”

阅读教学的定义对阅读教学的行为有规定性，江老师在教学设计时完成了与学生、与教科书编者、与文本之间的第一次对话。

首先，为何“戏笑成泪”这个问题很妙，这是能够引起学生的认识矛盾并渴望解决的问题，与学生的对话落到了实处。没有与学生的有效对话，没有对学情的准确把握是提不出这样的问题的。

其次，江老师理解了教科书编者的意图，本单元的主题是“散而不乱，气脉中贯”，抓住了“竹”这条结构全文的线索，落实单元教学目标。还有借助课后“探究·讨论”的第二题来深入解读文本，这都是与教科书编者之间的有效对话。

再次，江老师完成了对文本的二次加工，选择萃取有价值的东西，就本课而言就是“一个点”和“一条线”。对文本的二次加工是最考验语文教师功力的地方。

总之，江老师要做到了文本的核心价值与教学价值的有机契合。

【陈】接下来我们听听王宏老师谈谈她这堂课在确定教学内容方面的想法。

【王】我这堂课的设计灵感也来自与学生、课本、文本的三重对话。首先说学生，我们的学生从小学到初中，断断续续地学习了很多首杜甫的诗歌。对于杜甫其人其诗有一定的了解和体会，但缺乏系统性、连贯性，部分知识模糊不清。到了高中阶段，学生具备了研究性学习的能力，我觉得教师可以指导学生，通过深层次地挖掘杜甫的伟大诗篇，进一步感受杜甫的赤子之心与高尚灵魂，并且从感性走向理性，总结一下杜诗所蕴含的悲情元素，进而探究其形成的原因。刚才江老师也提到语文课的人文情怀，我觉得在提高学生诗歌鉴赏能力的同时，让他们获得诗篇中深刻的人文力量也是十分重要的。

【江】对，这也是我们培养学生语文核心素养的重要内容。

【王】接着说教材，我这一课出自选修课本《古代诗歌散文欣赏》。这本书不是按照文史顺序或作家专题的顺序来编排的。

【卢】是按鉴赏方法设置单元的。诗歌部分应该是“知人论世、缘景明情、吟咏诗韵”三部分。

【王】是的。我这堂课为了指导学生研究杜诗的悲情元素，打破了编者的顺序，把《旅夜书怀》《阁夜》《登岳阳楼》组合在一起，变成了一个杜甫专题。但实际上，我理解并且十分尊重编者的意图，在指导学生鉴赏的过程中，落实了“知人论世、缘景明情、吟咏诗韵”这三种鉴赏方法。

【江】我记得这堂课是从杜甫的生平入手，引导学生运用“缘景明情、吟咏诗韵”这两种方法找出了这三首诗歌所蕴含的情感。

【王】对。再有就是关于文本的解读和设计，我是这样想的：《旅夜书怀》《阁夜》《登岳阳楼》，这三首诗都写于杜甫的后半生，即西南漂泊时期。765 年杜甫离开成都草堂，在云安停留，写下了著名的《旅夜书怀》。766 年秋，杜甫来到夔州，写下了大量的诗篇，其中有著名的《登高》和《阁夜》。768 年岁末，杜甫登上了心驰已久的岳阳楼，写下了《登岳阳楼》。

时间和地点特别清晰，我突发灵感，连点成线，一幅地图在我头脑中清晰起来，我要以地图为蓝本，带着我的学生，跟着杜甫的脚步，看他朝着故土，朝着长安，一路向东；听他为了社稷、为了黎民的赤诚歌唱，课题就叫《忧愤孤苦朝圣路百折不回赤子心》。

【陈】可以看出王老师在设计这堂课时下了一番功夫，卢老师您看王老师这堂课的教学设计有何亮点?

【卢】王宏老师这节课有两个亮点：

一是读懂文本，读懂教科书编者的意图，但是并“不唯本”。在充分理解了教科书编者意图的基础上对课本内容进行了大胆的重构，收到了很好的效果。

二是暗合语文新课改的一个热点研究方向——“群文阅读”，并进行了有益的实践，以地图为蓝本，带着学生，重走杜甫之路，践行了新课标的理念。这一点与我的同学北师大博士后左翰林教授可谓不谋而合。他历时五年，追寻诗圣足迹，重走杜甫之旅，周行万里，批阅三载，增删十次，以“纸上得来终觉浅，绝知此事须躬行”之治学精神、西天朝圣求取真经之恒心定力完成学术著作——《朝圣》。王老师与左教授心有灵犀，与王老师一同重走诗圣之路，学生说不定出几个博士后呢。这就是培养学生“情感态度价值观”啊!

王老师下一次上完这节课可以推荐阅读我同学的学术著作——《朝圣》，开玩笑，这也是即将进行新课改所提倡的“整本书的阅读”。

【陈】刚才结合两节部级优课，谈了如何确定一堂课，更确切地说是一堂阅读课的教学内容的问题，卢老师，您给大家概括一下在备课时应该注意哪些问题。

【卢】备课的本质就是教师与学生、与教科书编者、与文本有效对话的过程。备课阶段要进行以下三重对话：

1. 与学生对话——了解学情，以学定教。

2. 与教科书编者对话——理解编者意图。

3. 与文本对话——挖掘文本核心价值。

【陈】通过与学生、与教科书编者、与文本对话，我们完成了教学设计。设计一堂好课是上一堂好课的必要条件。只有好的教学设计才能上一堂好课，有了好的教学设计不一定就能上一堂好课。这就如同建筑蓝图不等于建筑本身，好的剧本不等于一台好的戏剧。

如何上好一堂课，也就是实现教学目标教学设计呢？

二、上一堂好课如何对话

【卢】怎样把好的教学设计变成教学实践、达成你的教学目标？我们再来看阅读教学的定义："阅读教学是学生、教师、教科书编者、文本之间对话的过程。"如果说教学设计我们完成了与学生、与教科书编者、与文本的"第一次"对话。那么课堂上的"对话"则是第二次对话。怎样使"对话"更有效呢？怎样通过"师生"对话，引发"生与生""生与编者""生与文本"之间的深层次对话呢？我看最关键的是一个"问"字，作为老师你要会"问"。

【陈】美国教育家德加默就说过："提问得好即教得好。"这句话说明课堂教学的实效在很大程度上取决于教师教学问题的设计。三位老师有没有思考过我们在设计问题时应该注意什么？什么样的问题是好问题？

【江】我觉得老师提出的问题或布置的任务首先要做到明晰、具体。其实老师和学生在课堂上的关系很像导演和演员的关系，演员的任务是表演，是展示，而导演的任务是给演员说戏，帮助演员展示，导演给演员说戏一定要说到位。

【卢】这个说法不错啊，能够体现出"学生主体""教师主导"的角色定位。教师提出的问题或任务得能够让学生积极组织答案并因此而参与学习过程。我觉得王老师那节课在这方面做得就特别好，分小组探究《阁夜》和《岳阳楼记》那个任务就特别明晰具体。

【王】老师提出明确的任务，学生有明确分工。老师问到位，学生才能学到位。我当时是把学生分成两个大组，一组探究《阁夜》，一组探究《登岳阳楼》。任务是：反复诵读、吟咏诗韵；缘景明情，找出悲情元素。每个大组中有3个小组，每个组有主持人主持讨论，选出朗读者、发言者、补充者。在学生总结杜甫悲情元素的环节，我利用学案，设计了一个表格，让学生的思维有明确的方向。

【卢】对，这个效果确实不错，学生都动起来了，真正参与进来了，这就是成功的设计。如果我们的问题过于笼统，那学生就无从下手，你这个问题抛出来，让80%的学生先把自己排除在外了，不再去积极思考、积极参与了，那这节课就失败了。

【江】2009年我参加华东师大组织的一个同课异构活动，讲的是《窦娥冤》。因为是在外地借班上课，我当时就想，怎么让学生一开始就能开口，踊跃参与？于是我设置了一个填空题——在你眼中，窦娥是一个什么样的形象呢？可从（1）和（2）中任选一个句式填空。

（1）窦娥是一个值得____的女性。

（2）窦娥是一个____的女性。

选第一句的学生有的说值得“同情”，有的说值得“敬佩”；选第二句的有的说是“具有善良品格”的女性，有的说是“具有反抗精神”，有的说“勇敢”，有的说是“命运最悲苦”的女性，总而言之一开始就很踊跃，因为答案只需一个词语，难度不大。有了这个填空，我就可以选择同学们最有共鸣或最有分歧的一点带领学生进行深入研究。如果只问“窦娥是一个什么样的形象呢？”或者“你怎么评价窦娥呢？”这个问题就太大，不够清晰、具体，究竟应该分析到什么程度，学生自己不好把握，可能就会产生畏难情绪。

【王】我觉得如果那样问，学生还可能把好多特点都说出来，一边说还会一边分析，但可能个个说不透，这样也不利于教师把握课堂节奏，有层次地引导学生。

【江】是这样，所以当时专家点评的时候，对我这个设计予以了充分肯定，他说我给学生铺了一个很好的台阶。

【卢】看来提出的问题要具体而明晰，能让学生清楚自己的任务是什么，并且问题还要有梯度，要善于给学生搭台阶，让学生有抓手。

当然，课堂提问还涉及教学理念问题。课堂应该是靠任务驱动还是靠问题驱动？问题驱动的课堂往往容易陷入一问一答式的“碎碎问”。任务驱动型课堂的主问题都是真问题、大问题，即那种从学生认知实际出发，能够引起学生认识矛盾并渴望解决的问题。这样的问题能够激发学生的探究欲望。

我们再回到阅读教学的定义——“阅读教学是学生、教师、教科书编者、文本之间对话的过程。”教师课堂行为的核心要义是要促进“对话场”的形成。通过“师生”对话，引发“生与生”“生与编者”“生与文本”之间的深层次对话。

主干问题是课堂的“马达”，若想有强劲的课堂驱动力，就要一头连着学生的求知欲，一头连着文本的核心教育价值。比如江老师“为何‘戏笑成泪’”就是这样的问题。

【江】刚才卢老师提到我的课例中那个主问题：“既然记述的都是‘戏笑之言’，那苏轼为何又‘哭失声’呢？”笑与哭是对矛盾，矛盾的地方容易引发思考，其实回答这个问题并不难，跟诗歌的“乐景衬哀情”是一个道理，这是“以乐写悲”。可是答出这个答案，并不代表学生能够真正深入地领会其中滋味，所以接下去我这样追问：“他这样悲痛，仅仅是因为文与可是他的表兄吗？”设计这个问题的目的，是想引导学生深度思考，真正走进二人的精神世界。当时一个学生脱口而出“知音”，我就就着“知音”发问：“两个人能成为知音需要具备什么条件？”学生一下打开了话匣子，说出了志趣相投、品性相近、亲厚无间、处境相同、互相理解等等。接下来我就引导学生回归文本：“请细读第 2 段，能否从字里行间读出苏轼与文与可为何互相引为‘知音’？”我先让学生齐读了一遍第 2 段，然后让学生之间互相交流，交流之后让他们选择自己感触最深的某件事或某个细节来发表意见。设计这样的环节就是想让学生仔细品读三件趣事，形成生与文本、生生之间、师生之间的“多重对话”。当时学生谈哪件事的都有，而且后来越来越细致了，真正实现了与文本的对话。当然这个过程中我也在参与，他们没有读出来的，我和他们分享我的感受，引导他们去体会。在我们互相之间充分对话之后，学生体会到了那些充满人间烟火气的戏笑之言里隐藏着的是风雅，是默契，我们得出结论：苏轼和文与可志趣相投，品性相同，艺术创见一致，而且棋逢对手，绝对是知音。这样让学生深层次地领会了“笑”里的开心和会心，也就深层次地领会到了“哭”里的伤心和痛心。挖掘到这个层面，“以乐写悲”这四个字对学生来说就不再是符号性的概念了，而是真真切切地理解、领会了。

【王】我也说一个课例，有一年我讲苏轼的《定风波》，很短的一首小词，但其中蕴含了很深刻的人生哲理，由于我个人非常崇拜苏轼，所以就非常想把这首词讲透。在疏通文意、反复诵读之后，我引导学生思考课后编者的问题：作者通过途中遇雨这件生活小事，表达了怎样的生活态度？很显然，编者希望通过这首小词向学生传达苏轼豁达乐观的人生态度。我设计了这样一个问题：请仿照王国维的治学三境界，来解读苏轼的人生三境界。首先，学生非常熟悉并喜欢王国维的治学三境界，思考的基础很稳固。其次，解读苏轼的人生三境界，在学生看来，既神秘又带有挑战性，他们兴趣盎然。第三，随着这个问题的深入思考，中心开花，这首诗的人文目标就达成了。以上是我预设的内容，当堂课上学生的讨论、交流非常活跃，实现了学生与文本、学生之间的充分“对话”。课内生成更是让我惊喜连连，有人居然用流行歌词来概括苏轼的人生三境界。第一境界：无畏——风雨中这点痛算什么；第二境界：乐观——阳光总在风雨后；第三境界：从容——平平淡淡从从容容才是真。学生在与编者、与文本、与同学、与教师的对话中学到知识并加以创造，这是难能可贵的。

【卢】如果说主干问题需要预设，那么随机性问题就应该是课堂生成的，这是最考验教师教学智慧的。若想促进“对话场”的形成，教师要善于倾听，点拨生成，善于捕捉那稍纵即逝的问题，不能回避学生的问题。

【陈】我觉得这样的节外生枝特别考验教师，也最能体现教师的智慧，教师功底深厚，预设得充分，这种意外就可以生成最精彩的东西，大家还有其他类似的课例吗？

【王】我记得我在讲杜甫的《登岳阳楼》时，也有这样一个意外。教师在要求学生反复诵读《登岳阳楼》后，让每个小组内部交流合作，把这首诗歌改写成一篇符合意境的小散文。其中一个小组发言，最后一联，他是这样改写的："我凭栏遥望北方的边疆，听说那里战火又起，百姓流离失所。我的眼泪抑制不住地流下来。"有的小组马上提出不同意见："我的眼泪和鼻涕一起流了下来。"他说"凭轩涕泗流"中涕是眼泪，泗是鼻涕。可是先发言的学生不同意，反驳说："我认为涕泗在这里是一个偏义复词，涕有实意，泗没有。"他说："作者在默默地流泪，不应该是眼泪和鼻涕一起流。"他的这种解释也有道理，赢得了一部分学生的支持。大家顿时议论纷纷。那么杜甫到底是默默流泪呢？还是鼻涕一把泪一把地哭得很没形象呢？我觉得这取决于杜甫的悲伤程度。抓住这个问题，请各小组根据诗人的身世和文本内容进行交流，找出杜甫哭的原因。学生们积极讨论，找到了"昔日之志，此生难酬；宇宙浩渺，个人渺小；亲友离散，贫病交加；忧虑国事，报国无门"等四大类让杜甫哭泣的缘由（PPT）。我启发学生，这么多情感浓缩到短短40个字中，形成了一种人在天涯心怀天下的深沉，一种明知不可为而为之的悲壮，作者在此时此地吞吐乾坤，忧国叹己。如此深重的悲情，你认为杜甫是默默流泪呢？还是涕泪交流呢？在学生与文本、与同学充分对话后，学生大多数都认为涕泪交流更合理。

【陈】所以，不要小看学生的思维能力，对于在课堂上意外生成的问题，教师如果处理得巧妙，它更能激发学生的参与热情，"对话场"就能自动生成。卢老师，那除了我们刚才谈到的主干问题和课堂上的意外生成能促进"对话场"形成之外，还有没有其他的维度？

【卢】若想促进"对话场"的形成，还有一点，就是教师要善于在无疑处设疑，在浅显处求深，在平淡处求妙，也就是老师要善于用曲问。再如《祝福》祥林嫂之死，小说的主题是"礼教吃人"。为了让学生理解这一主题，老师可以设计这样的问题——鲁四老爷、柳妈、四婶、婆婆、卫老婆子、其他人到底谁是杀害祥林嫂的凶手？

【江】卢老师提到《祝福》，我讲《祝福》的时候也有一个设计，也能体现"无疑处设疑，浅显处求深"这一点。我关注到了一个更不起眼的角色——短工。比起柳妈、卫老婆子，这个短工更容易被忽视。

《祝福》第一部分里有一段“我”和“短工”的对话：

……

“刚才，四老爷和谁生气呢？”我问。

“还不是和祥林嫂？”那短工简捷地说。

“祥林嫂？怎么了？”我又赶紧地问。

“老了。”

“死了？”我的心突然紧缩，几乎跳起来，脸上大约也变了色，但他始终没有抬头，所以全不觉。我也就镇定了自己，接着问：

“什么时候死的？”

“什么时候？——昨天夜里，或者就是今天罢。——我说不清。”

“怎么死的？”

“怎么死的？——还不是穷死的？”他淡然地回答，仍然没有抬头向我看，出去了。

针对这段对话，我提了一个问题：短工回答“我”的问题有什么特点？学生发现，短工的回答极其简短，而且始终没有抬头，还用了三个反问句。我就追问：“简短和不抬头说明什么？反问句说明什么心态？”最后大家讨论得出结论：这种简短的回答方式和始终不抬头暗示出短工并没有继续这场谈话的欲望，一个字都不愿多说，态度漠然；那三个反问“还不是”潜台词是“不是她还会有谁这么会挑时候，偏偏在祝福的时候死”，那个“什么时候”“怎么死的”，都是重复问话，这种重复本身表明回答者的不耐烦甚至是排斥、厌恶的心理。我们发现，这个短工和鲁四老爷一样认为祥林嫂是个“谬种”，认为祥林嫂死都不会找时候，真是遭人厌。尽管短工的身份和祥林嫂其实没什么差别，都是底层人，但从这种回答中我们明显感到，他在面对祥林嫂的时候是有优越感的，那么这种“优越”心理是谁赋予他的？是“礼教”，是礼教对于女人贞节的要求，让这个本来和祥林嫂地位一样卑微的底层人也如鲁四老爷一样鄙夷祥林嫂，厌弃祥林嫂。我们说这个短工人不一定坏，如果是别的短工出事了，他未必不报以同情，但对祥林嫂则不会，这就是礼教的可怕。

所以老师要善于发现学生发现不了的问题，以此促成新鲜的对话，引领学生发现细小处的大景观、大奥秘。

【陈】这就叫“于无声处听惊雷，于无色处见繁花”。这样的例子很多，王老师除了这节优课之外，您也有不少这样的例子吧？

【王】比如在讲授《夜归鹿门歌》时，教师可以抓住“忽到庞公栖隐处”中的“忽”字设疑：鹿门山环境清幽，让诗人陶醉，你是从哪个字看出来的？忽然的“忽”字，很平凡，学生们在鉴赏诗歌时常常忽略掉，他们往往更关注一些动词、形容词。但恰恰是这个字，表现了诗人完全被大自然陶醉的状态，他忘情地攀登着崎岖的山路，不知不觉间来到了庞公昔时隐居的地方。这种被大自然所融化，以致忘乎所以的体验，都是通过一个“忽”字来传达的。引导学生关注细节，正所谓“学贵有疑，小疑则小进，大疑则大进”，像江老师说的，让他们在细小处发现大景观，这是老师匠心的体现。

【陈】看来真是“无疑之处有文章，平淡之处见功夫”。谈了这么多课堂设问的实例，卢老师您认为课堂对话应该注意哪些问题？

【卢】刚才我们又从课堂实践的层面上谈了如何通过“师生”对话，引发“生与生”“生与编者”“生与文本”之间的深层次对话。尤其是教师如何“问”，无疑都是成功的课例。概括起来，教师设问的核心要义是促进课堂“对话场”的形成。围绕这一核心，课堂对话应该注意以下四点：

明晰具体——问题要有梯度，要善于搭建台阶，让学生有抓手。

任务驱动——主干问题一头连着学生的求知欲，一头连着文本的核心教育价值。

注意生成——不能回避学生的问题，善于倾听，点拨生成，善于捕捉那稍纵即逝的问题。

善用曲问——无疑处设疑，在浅显处求深，在平淡处求妙。

【陈】好的，今天非常感谢两位老师结合他们的部级优课及日常教学实例和我们一起分享了教学设计与教学实施方面的一些思考与实践，相信也一定会给屏幕前的朋友们带来一些启发与思考。最后，我想还是有请卢老师就“到底如何上好一堂语文课”来作一下小结：

【卢】对于到底如何上好一堂语文课，让我总结凝练的话，其实还是要回归到节目开始我说的那一点，就是我们无论是课堂设计，还是教学实践都要紧紧抓住阅读教学的本质——“阅读教学是学生、教师、教科书编者、文本之间对话的过程。”倘若我们今天的谈话能对语文同道中人有一点点启发的话，便是我们最大的荣幸，我们这次谈话的意义也在于此吧。

【陈】好，非常感谢卢老师总结与分享，感谢江老师和王老师的参与，希望通过我们今天的交流与探讨能够对高中语文课堂教学带来一些借鉴与启发，再见。

这次关于阅读教学本质的对话，紧紧围绕阅读教学的定义——阅读教学是学生、教师、教科书编者、文本之间对话的过程——展开。通过大量的教学案例，就阅读教学过程中备课阶段如何进行多重对话，上课阶段又如何进行多重对话进行了充分的解读。

心灵交付，情感交融

秦皇岛市北戴河中学　王立鋆

高一年级的学生刚刚升入新的学校、新的年级，对于周围的一切充满了热情，像一枚枚早春的新芽在努力绽放着生命的光彩。可是由于换了新环境，尤其是一些同学是第一次离开父母开始住宿生活，因此无论是在学习上还是在生活上，他们都表现出不适应的感觉。开学时的热情随着时间的流逝被现实的严峻冰冻了起来，甚至一些意志力薄弱些的学生开始产生退缩的念头。他们对自己产生了前所未有的信任危机。也许在他们的人生旅途中第一次出现了这样大的一片热情的荒漠。在这望不到尽头的荒漠中，也许他们曾在夜里无助地哭泣，也许曾经徒劳地跋涉，此时，他们最需要的就是老师的帮助。

怎样引导学生控制这种不良情绪，除了老师需要给学生讲解有关心理知识，教师还可以通过创设适合的教育情境，给学生建立纾解压力的渠道。

因为我是一名语文教师，比较其他学科的老师，我就有了一个更便于接近学生、了解学生情况的途径：每周的周记交流。

周记既是教师了解学生的一扇窗，又是教师给予学生帮助的一道桥。相信每一个学生在上交周记的时候心是期待满满的，拿到周记的时候心是满满期待的。作为学生大朋友的教师，应该抓住这个了解学生心理、开展德育工作的有利时机，给予学生最大可能的关怀和帮助。

新学期伊始，我和学生约定每周坚持写周记。当时要求内容不限，可以是随笔，及时捕捉生活细节，为作文积累素材，也可以是谁有什么学习或生活上的烦恼和我聊聊。周记成了我和学生们交流的好帮手。

从第一周的周记来看，学生们的情绪十分高涨，他们一方面沉浸于由于中考的成功而带来的对于未来学习生活的向往之中，另一方面也纷纷表示要把军训所培养的不怕苦、不怕累，斗骄阳、战高温的精神带到今后的学习中去。当真正的学习生活来临后，大约有一半的学生在第二周的周记中流露出自己面临的压力很大，对于新的教学模式很不适应；住宿的学生不约而同地谈到了想家，有一个男生在周记中写下了“想家的泪水总是这么多，总是这样长……”；还有的学生谈到了不知该如何与同学相处的问题，就连我所教的一个班的 1 号生因为毕业于四中，在周记中坦言面对全班同学不知别人会如何看待自己（大约每班有三分之一的学生毕业于渔阳中学）。在这些学生中退缩性行为以及由此表现出来的一些心理问题在当时很普遍。

对于在周记中反映住宿生活的学生，我是从这个角度去鼓励他们：也许比较其他走读的学生，住宿生暂时失去了和父母相聚的幸福，但是他们并没有失去家庭的温暖，反而得到的是班集体这个大家、宿舍这个小家：三个家庭的温暖是千金难求的。而且我们要珍惜现在独立生活的机会，将来步入社会，不可能任何事父母都为我们安排好一切，面对困难，只有勇敢迎上前去，别无他法。住宿的同学只是比起走读的同学更早地接受了独立训练，将来升入高一级学校也只会更适应那时的生活。

对于男孩子要鼓励他们自己动手收拾内务，从培养良好的生活习惯入手；对于女孩子，则鼓励她们要坚强，把想家的泪水忍一忍。如果实在是忍不住了，可以先找我来聊聊。后来的周记学生在这方面的反映逐渐减少。男生的适应反映在内务整理上，宿舍成绩有了提高；女生通过接触我发现她们已经很少每晚都抱着电话和家人诉苦不停。

我还在全班同学面前提倡一个走读生与一个住宿生交朋友。许多住宿生因为是第一次来到县城，对这里不很熟悉，有些生活上的小事互帮互助既能解决一些小的问题，还可以促进班级稳定性的形成。

对于在周记中谈到学习不适应的同学，我是这样鼓励他们的：任何人换了新环境，就算他的适应能力再强，也会有不适应的感觉。针对个人情况的不同，这种不适应的感觉时间有长有短。这是一个必然的过程，一定要坦然面对。我们都要给自己时间去适应，但是一定要快。只有在学习上越早进入状态的人，才有可能越早地取得成绩。反映学习不适应的学生很普遍，主要是因为初中的教法与高中的教法已有很大的区别，而学法就更是大相径庭了。在学习上的这种鼓励是必不可少的。一中组的孩子初中时都是学习上的佼佼者，高手济济一堂的结局必然是有的在基础上稍薄弱些的或心理素质差些的要被大家甩到后面。因此，我在一些周记中写上一些名人名言，如“机遇只会光顾有准备的人”，“强者创造时机，弱者等待时机”等等，鼓励学生自信，并在一些合适的时间给他们讲一些励志的故事，如《是什么拉你走向了平庸》、电影《肖申克的救赎》等。

对于在周记中反映特别想念过去的班集体、同学和老师的学生，我是从这个角度做的工作：人都是有感情的，三年的时间相处下来，肯定会培养出一种亲密的同学情和师生情。我们能够这样满怀深情地回忆过去足以证明我们不是一个冷漠的人。过去的确美好，但是人不能一味地向后看，要相信未来。只要我们为现在这个集体多做一点事情，谁能否认它的未来呢？有些学生在周记中说：“现在的环境很压抑，同学们都是只知道学习。人际关系很冷漠。”我对这些同学说的是：与其等待别人向我们伸出友谊之手，不如我们主动出击，寻找友谊。也许大家都在观望中，也许再这样下去我们会错过很多。

针对这一时期这一阶段学生的特点，我以为正面的鼓励多一些可以使他们能更从容地面对以后的学习生活。而且通过周记，可以让我了解这一时期学生的心态。这有助于我在教学中有侧重点地开展工作。更重要的是，通过周记这一方式，能够让学生们有一个自我解压、自我减压、自我调节情绪的平台。因为我们得承认，学习带给学生的压力其实是很大的。

教师要引导学生学会从不同角度看问题，让学生能够自觉克服不良情绪。关于人生意义的讨论充斥在我们周围。很多说法，由于熟悉和重复，已让我们从熟视无睹滑到了厌烦。可是，这不是问题的真谛。真谛是，别人强加给你的意义，无论它多么正确，如果它不曾进入你的心理结构，它就永远是身外之物。周记可以成为学生放松的有效途径，但是，一个指望别人在关键时刻救自己的人永远也不可能真正长大。勇者自救，圣者渡人。教师不是圣者，但是教师可以鼓励学生成为勇者。

只有心坚如钢的人，才能搏击沧海，显示自己的英雄本色。这是引导学生要有的意识。

由于年轻，所以学生们和我私下里说起话来可以说是无拘无束，有时候难免有些“真情流露”。对于一些可以放过去，但有的就可以借题发挥了。不过这就要求我一定要选准时机，既解决问题，又纠正他们的认识偏差。我以为做好这个工作，有耐心、有爱心，还一定要细心才行。

我想教师与学生的交流，说到底还是人与人之间的交流。那么既然如此，只要我们付出真诚，用耐心、爱心与细心去关爱学生，去设身处地为学生着想，就一定能够收获真诚，得到学生的信任。

“人与人心灵的距离最远，但同时也最近，关键是你怎样靠近它。”这是我最喜欢的一句话。周记在我的教育教学过程中起了很大的作用，它使我和学生成为真正的朋友，并推动了课堂教学的顺利进行。

转变思想，助力学生成长

廊坊市第八高级中学　荀亚倩

在新课改的大背景下，改变传统的“以教师为课堂主体”的教学模式势在必行。在课堂上，以学生为主体，放飞学生的思想，培养学生的思辨能力，不仅能提升学生素质，对于教师的教学理念和教学水平的提升也有很好的推动作用。

我的教学观念的改变来自一堂对我触动很深的课。在那节课上，讲完《鸿门宴》中“项伯夜访张良”这一部分后，我向同学们提出了一个问题：“你如何看待项伯在两军战争一触即发的关键时刻夜访张良的行为呢？”其实对于这个问题的答案，我是成竹在胸的，讲了这么多年的《鸿门宴》，我一直都是把项伯作为反面例子来讲解的，并且在讲课中有意识地向同学们渗透了这种观念。当然，同学们给我的答案也合乎了我的预设。正当我满意地要结束这个问题时，一位同学给了不同的见解。他说：“我认为不应该把项伯当成反面人物，而应该把他当成学习的榜样。张良救了他的命，他不忍心张良在战争中丢掉性命才会去深夜报信，这恰恰说明他是一个重情义、知恩图报的人。相反，我认为张良是一个背叛友情的小人，朋友深夜来告知军情，他却以‘为韩王送沛公’为理由把消息告诉了刘邦，以至于使战争结果发生逆转，最终让项伯背负了千古骂名。所以，我不赞同把项伯作为反面典型的观点。”

这位同学的话如同在平静的湖面投入了一块巨大的石头，引起了同学们的热烈讨论。对他的观点，有支持的，也有反对的，观点不同，理由各异。在这种情况下，再继续讲其他的内容已经不可能了，我就干脆说：“我们开一个辩论会吧，认可项伯做法的当正方，不认可他的做法的当反方，我们彻底理论一下项伯这种行为到底合不合适。”辩论会激烈地展开了，同学们都很积极地发表了自己的见解，到了最后，反方占据了主动，因为有一位同学说了这样一句话：“项伯报恩是私情，深夜报信出卖的却是集团的利益。如果不涉及集体利益，项伯的行为是值得赞扬的，我们确实需要提倡知恩图报的行为，但是这件事涉及集体利益，为了私利而损害集体利益，就是不可取的。”这位同学充满思辨性的言论，说得我和同学们心服口服。

以此为契机，我又向同学们提了这样几个问题：

1. 在《烛之武退秦师》一文中，烛之武可以说才华满腹，却毕生怀才不遇，一生襟抱未曾开，他对郑伯是有怨言的，但他却为何在国家面临危险的时候答应郑伯的请求，冒着生命危险去拜见秦君呢？

2. 屈原在楚国因受到小人的谗言而被国君疏远，这时几个国家向他抛出了橄榄枝，希望他能到自己国家一展才华，屈原为何不答应，甚至在国灭之际纵身投入汨罗江来殉国呢？

3. 文天祥面对敌人许给的高官厚禄，为何毫不动心，宁死不降呢？

4. 当日军大肆侵华，在中国大地上烧杀抢掠、无恶不作时，为何会有很多志士抛头颅，洒热血，前赴后继，英勇献身呢？

一时间，班级里人声鼎沸，同学们进行了热烈的讨论。综合讨论结果，同学们最后得出了一致的见解：因为爱国。因为爱国，烛之武可以不顾自己的委屈，毅然帮国家解除危难；因为爱国，屈原才可以在遭受一次次的流放之后，依然不改自己的初衷。即使时过千年，他的精神依然如阳光般照进每一位爱国志士的心里；因为爱国，文天祥可以把生死置之度外，留下了“人生自古谁无死，留取丹心照汗青”的豪言壮语；也是因为爱国，无数仁人志士才能用自己的血肉之躯开创一个崭新世界，还天下百姓一个太平盛世。

最后，我总结道：“国家，是我们每个人的坚强后盾，是我们每个人的温暖港湾。只有国家富裕强大了，我们才能挺直腰杆骄傲地活着。所以，我们一定要把祖国牢记心间。祖国的建设离不开在座各位同学的付出与奉献，所以，请你们从现在开始努力学习，多学本领，听从祖国的召唤！”

我想，这一节课，我至少能在学生心田种下一颗“爱国”的种子吧！

下课后，我陷入了深深的思索，一个问题跃入脑海中久久不能离去：我们学习古诗文到底是为了什么？

习近平总书记曾经不止一次地谈到过文化自信的观点，他说：文化自信，是更基础、更广泛、更深厚的自信。中国人民的理想和奋斗，中国人民的价值观和精神世界，中国人民的自信心，始终植根于中华优秀传统文化沃土，随着历史前进而不断与日俱新、与时俱进。中华优秀传统文化是中华民族的精神命脉，是中华民族的突出优势，是我们的文化自信的重要来源。坚定文化自信，要求我们深入地学习、传承和弘扬中华优秀传统文化，珍惜价值，弘扬精华，创新发展。

在这种思想的引领下，一系列弘扬传统文化的节目应运而生，例如《中国诗词大会》《经典咏流传》等，它们以一种百姓喜闻乐见的方式重新激发了民众学习古诗文的热情，就连一直讨厌学习古诗文的学生也纷纷拿起诗词书大背特背，扬言要学个满腹经纶，好去节目中大展风采。这固然是一种好现象，但是还远远不够，因为学习古诗词不仅仅是为了背诵，更是要学习其中人物优秀的精神品质，借此来提升自己的道德修养，树立正确的人生观、世界观、价值观。

这正如习总书记所说的那样，中国传统文化体现着中华民族世世代代在生产生活中形成和传承的世界观、人生观、价值观、审美观等，其中最核心的内容已经成为中华民族最基本的文化基因。博大精深的中华传统文化积淀着中华民族最深沉的精神追求，是中华民族生生不息、发展壮大的丰厚滋养，也是中华民族的突出优势，是我们最深厚的文化软实力。坚定文化自信，就是要努力从中华民族世世代代形成和积累的优秀传统文化中汲取营养和智慧，延续文化基因，萃取思想精华，展现精神魅力，以时代精神激活中华优秀传统文化的生命力。

古诗文是中国传统文化的主要表现形式，学校是继承和弘扬传统文化的主阵地，在这个最有利于学生思想成长的地方，我们的学生真的领会中国传统文化的精髓了吗？

记得刚开学时，我问这些刚升入高中的孩子："你们喜欢学习文言文和诗歌吗？"学生异口同声地说自己不喜欢。究其原因，是古诗文留给他们的印象只是背诵、抄写，反反复复地背诵，十几遍十几遍地抄写，至于其中的文化精髓，一概不懂，因为中考不考，老师不讲。这种填鸭式的文言文教学法让学生苦不堪言，彻底失去了学习文言文的兴趣，甚至于一提到学习文言文就头疼。在这种现状下，他们又怎么能汲取传统文化的营养与智慧呢？又怎么能学习古人的高贵品质，帮助培养自己的人生观和价值观呢？

所以，老师在讲授古诗文时，一定要摆脱功利观念。虽说讲授文言文知识是为高考作准备，但是却不能把高考当成唯一的讲授知识的目标。更重要的，我们要萃取思想精华，展现精神魅力，激活传统文化的生命力，让传统文化的思想精髓深入到学生的血液里，帮助学生树立人生目标，坚定精神信念。只有这样，才能无愧于教师“教书育人”的神圣职责！

在这节课上，学生带给了我太多的惊喜，我没有想到学生们竟然有如此活跃的思维，如此深刻的见解！回顾一下自己在课堂上近乎满堂灌式的讲课方式，再联想到自己对知识点一遍又一遍地重复，生怕学生记不住的样子，不禁一阵汗颜。原来我一直是错的，很多时候并不是学生不会思考，而是教师舍不得放手，以至于禁锢了学生的思维。教师只有大胆地放开手，给他们广阔的思维空间，他们才能放飞思想，得到能力的提升，今天学生的逆向思维不就是一个很好的例子吗？

这时，我想起了一篇具有强烈讽喻色彩的寓言故事《种树郭橐驼传》。文中讲到了一位种树的奇人郭橐驼。他所种的树成活率高、结果实早而多，并且树木长得硕大茂盛，其他人窥探效仿，也不能学得其精髓。据他介绍，他种树其实并没有什么窍门，只是在种植时尽心竭力，种好后就要学会放手，这样就能保全树木的天性，树木自然就能长得好。文章借郭橐驼的养树之术是为了告诫为官者，养人犹如养树，应“顺天以致其性”。仔细品味，作品中还含蓄地传达了育人之道、成功之道、处世之道。通过这一节课，我突然对教学有了更深刻的认识。

我带的班级基础并不是很好，为了提高成绩，我便采取了重新夯实基础的方法，利用了大量课外时间来给学生补课，在大量知识灌输和密集练习的举措之下，月考中，班级语文单科进步十分显著。于是我简单地认为，这种高压灌输的方法十分适合本班，在月考之后，便对他们的语文学习抓得更死，完全没有考虑到长期的高压学习会给学生造成怎样的影响。结果月考后，学生学习积极性明显下降，本来我百思不得其解，这一节课学生的学习热情终于令我茅塞顿开。

郭橐驼经验告诉我，在学生语文基础薄弱、学生学习习惯不好的时候，通过恶补夯实基础，采取高压政策纠正不良学风，这一系列举措的确必要，就如同郭橐驼在种树之初的“其莳也若子”，唯其细心培植根基，才能为树木的成活打下基础。

然而种树之理，在根基稳固之后，应当是满怀信心地等待树木“寿且孳”。我对待教学却好似一个忧心太过因而对树木频频回看和早晚探视的“他植者”，明明月考已经验证了前期的密集训练已经有效巩固了语文基础，我却还是对自己和学生们都缺乏信心，于是患得患失，为保前考试排名，而显得急功近利，根本不去考虑学情，只是一味坚持最初的教学方法——频繁到班督促学习，课上大量讲授，课外密集训练，教学内容重视实效而忽略兴趣培养——最终使得课堂越来越沉闷，学生在语文课上情绪越来越低落。

其实，育人也同种树道理相同，要遵循学生身心发展规律制定科学的方法，才能取得最好的成效。当学生已经摆脱了语文基础薄弱的困扰，我的教学却还一味停留在语文基础的灌输和题海战术上，必然让学生觉得枯燥乏味，久而久之，便产生厌烦情绪，无怪乎上课死气沉沉，课后怨言多多。

每个上高中的孩子都渴望自己能考上心仪的大学，教师要想提升学生成绩，关注高考动态是理所应当的事情。近几年，高考作文题越来越注重考查学生思辨能力，重视思维品质，注重论证层次，突出材料与观点间的逻辑关系，那种想都不用考生想，或者根本不给考生思考的机会和空间，只要求考生顺着给定的观点，填充具体材料与空话套话的作文题目已经成为过去。胡适先生早就说过，标示一个人是大学生的标志，就是“独立思考、客观判断、有系统地推理，和根据证据来相信某一件事的习惯”。这就要求学生从高中甚至更早开始，就不再读死书、死读书，而是学会思辨，学会判断，那种“两耳不闻窗外事，一心只读圣贤书”的学习模式已经翻篇了，相应地，那种填鸭式的教学方式也应该被淘汰了。

对我而言，这节课应该是我教学生涯中具有特殊意义的一节课。首先，它让我明白了古诗文教学的意义，明白了在教学中“育人”的重要性。有人说这是一个人心冷漠的时代，也有人说这是一个思想堕落的时代，还有人说这是一个审美偏离主流的时代。看到了太多或颓废或堕落或丑恶的事情，甚至当这些不正当的风气蔓延到青少年身上时，作为老师，我很痛心。梁启超先生曾说：少年智则国智，少年富则国富，少年强则国强。少年代表着祖国的未来和希望。所以，教师如何在课堂上帮助高中生树立正确的人生观、价值观、世界观尤为重要，这是我们教师急需解决的一个教学问题。 其次，它给了我许多启迪，使我更深地体会到何谓“师生共同构建的学习过程”：在这个过程中，教师是主导，引导学生将文本与生活实际相联系，而学生所反馈的信息，往往又能给教师以启示，促进教学相长。师生通力配合，一起成长，才是完美的课堂！所以，在今后的教学中，我要改变自己的教学模式，要学会放手，要让学生在课堂上充分发挥自己的天性，充分思索、积极表达，只有这样，才能更符合学生的发展需求，才能真正培养出德智体美劳等综合能力全面发展的人才。

学对联的奇妙历程

廊坊市第八高级中学　杨卫娟

“对联这么有意思啊！”

“是呢，是呢！别说话，快看，快看！”

一张张兴致盎然的笑脸与《唐伯虎点秋香》的视频片段相映成趣，随着幽默搞笑的情节转换，时而抿嘴一笑，时而开怀不止。

这便是我带着高一的孩子们一起学《奇妙的对联》一课最开始的情景。我用了周星驰主演的《唐伯虎点秋香》电影中关于对联的片段作导入，引起了他们极大的兴趣。

之所以这样设计，实在颇费了些心思。《奇妙的对联》是人教版必修一梳理探究单元第二课。对联是我国独特的艺术形式，承载了丰富的文化内涵。作为第一模块的学习内容，可以很好地激发高一学生对传统文化文学的热爱，为今后的语文学习打下基础；探求活动课的教学模式，让学生喜爱这一类型的课程，感觉到新课程教与学与过去的不同，从而改变自己的学习方式方法。

学生们在初中时已初步接触对联知识，对仗的基本知识已掌握，可不作为教学重点；但初中时对联多作为应试要求，对于对联的艺术性、趣味性、承载的文化没有专题的探究活动或未充分开展过有关对联的探究活动，学生的兴趣和积极性如果不得到充分的调动，准确掌握就有难度。因为，对联毕竟离学生的实际生活距离很远，要让他们提起学习的兴趣、掌握并学会应用，实在不是件容易事。

“教学的艺术不在于传授本领，而在于激励、唤醒、鼓舞”（德国教育家第斯多惠《德国教师教育指南》），“所有智力方面的工作都要依赖于兴趣”（瑞士著名教育家皮亚杰《教育科学与儿童心理》），基于此，我在教学中扣紧“奇妙”二字，以欣赏与对对子激励兴趣，以兴趣激励学生对对联的知识、文化的探究学习。千挑万选，最终剪辑了所需的视频片段作为导入激趣，而事实也证明，以学生喜闻乐见的形式进行导入的入门第一步，效果不错。

接下来,我告诉学生们,都说“天下无语不成对”,说的就是对联了。而谈到对联，大家最熟悉的莫过于春节的时候，几乎家家户户都会贴春联，春联能给人带来欢乐，能为节日增添喜庆，能让我们感受到春的气息，这节课我们一起来欣赏春联，走近对联，感受那浓浓的传统文化的气息。

其实，春联只是对联中的一类。在我国历代文学百花苑中，最香醇艳丽的一枝是诗歌，最独特秀雅的一朵是对联。那么，我们要学哪些知识呢?

“老师，学什么是我们说了算？”一个一向在课堂上比较活跃的学生的疑问迅速引起了大家的注意。大家把询问的目光纷纷投向我。

“嗯，就是你们说了算的。”我微笑着回答。

在授课前要求学生们预习时，我布置了非常具体的任务，包括阅读教材、在网络学习平台上完成练习任务，所以，课上我根据学生网络学习任务的完成情况，由学生们自主确定我们的学习目标是积累有关对联知识，重点积累平仄、对仗知识，学以致用，能够自主、创新、推理、演化。

接着我带着学生们进入预习检测环节，学生们迅速行动起来，打开平板电脑，利用爱学课堂平台抢答，检测一下自己对对联有了怎么样的认识，重点抓住“字数相等、词性相同、结构相当、平仄相异”“区分上下联”“对联的张贴”的知识，答得又准确又快速的同学能获得相应的星星奖励，这样创设出了竞争氛围、活跃气氛，极大地提高了学生的主动参与度。

然后我们一起以名联为例分析对联的特点，以掌握对联的基本特性及核心特征为目标，学生们以小组为单位展开讨论分析，热火朝天地抢答，很快就推导出了知识点。为了让学生们有全局认识，能记牢知识点，巩固学习成果，我又设置了将所有要点进行回顾性总结的检测环节，以 PPT 的形式演示填空，同样用星星进行奖励，学生们热情空前高涨，一个个摩拳擦掌，争得不可开交，掀起了整节课的小高潮。

眼见学生们积极性被调动起来了，我趁热打铁，启发学生们掌握课内的知识是为了学以致用，尤其要注意循序渐进，做到举一反三、触类旁通。能顺利完成知识迁移的方法就是能较好地进行类比推理，沟通新旧知识之间的联系。所以我将课内的知识延伸到课外，以小组讨论的形式抢答练习题，加深对对联基本特点的理解。

首先明确抢答规则：(1) 以小组为单位，组内可以互相商量；(2) 题目分抢答题和必答题两种，每道（组）题均为 1 颗星，答对得分，答错不扣分。(3) 必答题如该组同学均不会，其他同学可以帮助答题，谁答题谁得分。

然后用 PPT 演示练习题目：根据对联猜店名、对联配对、调整对联词语的顺序、修改调整整副对联、为不成对的对联补拟下联。

课堂上一下子热闹起来，讨论、交流声不断，学习小组里学得快的教学得慢的，讲解，辅导，纠错，争取以最快的速度抢到星星，学生甚至在网络学习平台上主动搜题来做，进行巩固训练，我在各个组内巡视，点拨，答疑解惑，通过网络平台的数据统计，主要针对对正答率的分析掌握学生对本课重点内容的掌握程度，表扬、奖励先进，鼓励后进。

在热烈的讨论中，这节课接近尾声，综合整节课所学，我跟学生们达成了共识：对联，是汉语言文字特有的一种形式。它同中国的古典诗、词、歌、赋一样，有的写景咏物，有的借景说理，有的叙情抒怀，有的评人论史。它对仗工整，韵律和谐，字字珠玑，被誉为中华民族的文学瑰宝。

通过这次教学活动的设计实施，我发现，语文课的趣味，一般是说语文教师在教学过程中处理教材、组织教学活动、选择教学手段、运用教学语言以及教师的仪表风度等诸种因素，凝聚之后显示出来的审美风貌。这种审美风貌体现于教学的全过程，并为学生所品评体验，或深或浅或长或短地吸引着学生。

没有趣味的语文课，犹如作家笔下塑造的缺乏个性的人物形象，对读者来说总是缺乏影响力和吸引力。一般地说，这样的语文课不可能是“有滋有味”的。

而随着社会的前进、科技的发展，在语文教学中要充分认识现代信息技术的发展，特别是电脑的普及、网络的发展对语文教学产生的影响。我们可以在用好教科书的基础上，在现有的教学条件允许的情况下，适当地引导学生上网收集相关资料，阅读相关的文章，课后推荐相关读物，以增加对作品背景和主人公的了解，拓展学习内容，提高阅读能力，充分利用现代化教学媒体，让学生对语文学科所展示的魅力有更直观、更形象的了解，这充分体现了课程标准的精神。

创新是进步的灵魂，是永葆青春的法宝。在语文教学中，不断创新的课堂才会有持久的生命力。机缘巧合，一次，在语文教学课题研究中，我看到了一种在我的世界里全新的教学方法——感悟式教学，发现这是一种优化高效的教学方法。它以引导学生充分感知为前提，以创设情境，让学生深入思考破解疑惑为关键，以获得顿悟为目的。这是一种符合学生认知规律，并具有可操作性的新的教学模式，于是我取其精华，大胆地借鉴了一下，把它运用到课堂教学中。

苏霍姆林斯基说："人的内心世界里有一种根深蒂固的需要——总想感到自己是发现者、研究者、探寻者。"课堂上，我把发现的权利交给学生，把探索的机会留给学生。面对风格迥异、体裁多样的语文课文，我把每节课的重点、难点、疑点、美点作为感悟点，然后让学生抓难点、析重点、解疑点、找美点。感悟重点，可以优化教学环节，提高教学效率，便于打造高效课堂，收到"牵一发动全身，抓关键揽全文"的效果;感悟难点可以引导学生"众里寻她千百度"，享受上下求索的快乐;感悟疑点，往往会取得"柳暗花明又一村"的惊喜；感悟美点，就是进行一次心灵的旅行和精神的漫游。给学生一个"感悟的课堂"，可以积极调动学生的思维，让学生在课堂上充分"动"起来，不仅有助于学生进行自主、合作、探究的学习，而且还可以学有所获，通过自己的感悟，进而使学习的过程变得不仅是知识增长的过程，同时也是身心和人格健全和发展的过程，能更好地提高语文素养和人文素养。

教学设计在研究了课程特点、教学内容、课程资源、学生情况之后，以"激发学生对对联的兴趣"为目标，围绕目标设计了由浅入深、循序渐进的教学内容，并以"翻转课堂"理念为指导，积极贯彻实施于教学实践环节。先有课外学习准备，一是研读课本筛选有效信息，二是完成网络平台学习任务，并由此以学定教，确定本课的教学目标。按学生现有的认知规律，由学对联的基本起步开始，欣赏对联，分析对联的特点，了解对联艺术手法，感受对联的艺术魅力和文化内涵，最后以高考为导向，创设竞答争星的活动，让学生积极参与其中，并在之后随即进行巩固检测，让学生尽快熟悉并掌握本课的重点。

在实际教学中，课堂教学的实践环节体现了以学定教的“翻转课堂”理念，预设的教学目标基本完成，学生的参与度高，在竞答争星的环节兴趣高涨，同时也经历了一次身心愉悦的文化洗礼。尤为难得的是学生所对的对联答案，体现了一定的创造力，给予学生很大的创造空间，对教师也深有启发，体现了教学相长。同时也发现，对于这样的课程，教师的个人功底很重要，教学各个环节的串接、教师的启发引导、对学生答案的点评、教学时间的收放、课堂即时情况的调整都有赖于教师的功底，使课堂不局限于原有的设计，而又不偏离基本的设计框架，也因此促使教师增强终身学习的观念。

传统与现代的教学手段的奇妙结合、运用，让我和学生间产生了良好的互动，成为点燃学生情感的火石，让学生在高涨的热情中去自主、合作、探究学习，师生激情飞扬，下课铃声响起却意犹未尽。学生在随笔里写道：“我们最爱上的就是语文课！”“你是我们心中人气指数最高的老师”……

看到这些，我知道我用“奇妙”点燃了学生的心灵之花。我会做一个更加出色的摆渡人，把可爱的学生引领到理想的彼岸！

把眼看向那身影后面的舞台

——环境描写的作用分析

保定市定兴县第三中学　牛　芳

遍观近年高考文学类文本阅读题，频繁出现小说的鉴赏，而环境描写在小说中的作用非常重要。从披露的阅卷信息分析，此题考生得分并不尽如人意。究其原因，我们发现很多考生泛泛而谈，答题不得要领，环境描写是哪些辨不清，它的作用有哪些不清楚,以致失分。其实,环境描写在小说中的作用题型是有相应的解题技巧的，我们在教学中可以循序渐进地帮助学生提高此类型题目的答题能力。学生明确了自身问题后，也就找到了解决问题的方向，所以在接下来的课堂上，效率应该更高。

小说既是时间的艺术，又是空间的艺术。环境描写在小说艺术中是不可或缺的要素，它为人物活动提供了驰骋的舞台，并对情节的发生、发展起着重要的推动作用。因此在小说的创作过程中它自然成为最凝聚作者心血的地方之一，弄清小说中环境描写的作用，对准确理解作品的思想内容，提高读写能力，陶冶情操，有着极其重要的意义。通过了解小说的概念，学生首先要明确小说这种文体的特点，更好地认识考查方向:环境、人物、情节、主题，然后掌握具体的命题题型以及答题方向。在分析环境描写的作用的题型时，我是这样安排复习的：

课堂的开始我先展示了环境描写的概念，学生答题失分的一大原因是因为他们辨不清哪些语句是环境描写，之所以辨不清是由于他们对环境描写的概念不清楚，所以我们首先要让学生了解并明确环境描写的概念：环境描写是指对人物所处的具体的自然环境和社会环境的描写。其中自然环境描写是指对人物活动的自然场景的描写，包括人物活动的时间、地点、季节、气候以及景物等。社会环境描写是指对特定时代背景和人物生活环境的描写。它所描写的范围可大可小，大至整个社会、整个时代，小至一个家庭，一处住所。描写的内容可以是室内陈设、当地的风土人情和时代气氛等。社会环境的描写应具有浓郁的地域风土特色。

理解并明确了这些概念之后，我们要带领学生实践一下，让他们在选定的文本里找出环境描写的句子并分辨出自然环境和社会环境。我用高考题《捡烂纸的老人》《来自天国的小雪花》为例让学生实践，效果很好，学生能迅速准确地找到区分自然环境和社会环境描写的相关语句。然后了解环境描写的重要性，进而更好地分析环境描写的作用。

接着我带着学生对环境描写的作用进行了细化，通过具体示例告诉学生具体的答题方向。鲁迅的小说中的环境描写比较典型，于是我挑选了鲁迅先生几篇小说中的环境描写，引导学生认识其作用。

例如《祝福》开头部分的环境描写，学生很容易就能概括出作用：交代事情发生的地点或背景。在学生有了一点儿自信后，我又带着学生去分析小说《药》中对坟场的环境描写，通过诵读，大家都感受到了坟场阴冷悲凉的气氛。当我让学生再给我组织第二点答案时，有学生开始犯难，于是我又亮出了概念，通过理解概念，学生找到了突破口，想到它可以服务于人物，于是体会出了这里的环境烘托了人物悲伤的心情的作用。

接着我找学生读了《祝福》中鲁四老爷书房的一段描写，学生沿着刚才的思路，立刻想到了环境对人物的作用，但却理解不出具体答案，于是我给同学补充了相关的文学常识，引导学生领会了人物封建、迂腐的特点，进而得出了答案：环境描写可以反映人物的性格或品质。

这时候我给学生展示了下面这段话："环境描写可以反映人物的性格或品质。可见环境是人物生活的'土壤'，是人物性格形成和发展的依据。'状难写之景，如于目前；含不尽之意，见于言外'，确实，成功的环境描写，不但可以渲染气氛，而且还能让人感受到整个时代、整个环境的生活气息，感受到作者心灵深处的思想与情感。"用形象的语言，给学生明确了环境对人物刻画至关重要的作用。

当学生思维得到了延展，同时也略感疲惫的时候，我播放了一段《林教头风雪山神庙》的视频，学生立刻有了兴趣，紧张的情绪得到了释放，大家积极发言，风雪的作用很快有了答案，而我则重点强调了在情节发展方面的作用：推动了情节的发展。

最后我给学生示范诵读了《祝福》结尾部分的环境描写。这里的环境描写的作用理解起来有些难度，于是我组织学生分组讨论，表达自己看法的同时，听取别人的看法，在比较中明确答案。而且我结合最近做过的习题提示学生，文章结尾的环境描写往往为什么内容服务，学生自然就有了思考的方向：深化作品主题。在封建礼教盛行的时代，资产阶级知识分子的力量还不够成熟，最终只能选择逃避。

通过这些示例，学生进一步完善了知识的掌握，把以前碎片式的知识逐步系统化，进而掌握了明确的答题思路，我给予学生明确展示：

1. 交代事情发生的地点或背景

2. 渲染气氛，烘托人物心情

3. 寄托人物的思想感情

4. 反映人物的性格或品质

5. 推动（暗示）情节的发展

6. 深化作品主题

学生在了解并明确环境描写的概念、熟记环境描写的作用之后，还必须规范答题语言。我从两个方面给学生提出了要求：

首先，需要有清晰的答题思路，环境描写作用类题型就要按照“环境＋人物＋情节＋主题”的规范进行作答，必须明确答题术语，比如“渲染气氛、烘托形象、推动情节、深化主题”等。其次，不能照搬规范的语言，不能只答专业术语，必须具体文章具体分析，要按照规范、结合文本进行具体的分析理解。

在本节课的教学过程中，我运用了诵读法、引导法、合作探究法、文字与视频展示法等教学方法，既吸引了学生的注意力，又调动了学生的积极性，可以说收到了良好的效果。学生加以相似题目的训练实践，相信在这种题型上的答题能力一定能有所提升。

让语文课“诗意”地收束

石家庄市第四十五中学　仇鹏鸿

俗话说：“编筐编篓，难在收口。”初登语文讲台，我常常费尽心思只为了一个精彩的“导入”，却用让学生感觉枯燥头疼的作业将一节课匆匆结束。久了，自己也觉得“俗不可耐”。古人以“书画润质，诗词润心”，我想，作业固然要写，但能不能让语文课的结尾多一些“诗意”，让学生的心灵多接受诗词的浸润呢？在这个想法的驱动下，我开始了自己的“寻诗之旅”——

我先尝试着给写景类的散文用一首小诗作结尾。朱自清先生的《荷塘月色》写得美不可言，月下荷塘、塘中月色相映成趣，作者赏月品荷，渐臻佳境，心中“淡淡的哀愁”在这无边的荷香月色中亦得以暂时消解，转而为“淡淡的喜悦”。然而，出境之后无奈的现实又将那“淡淡的哀愁”洒在眉间心上。学生因为没有相似的人生经历，即便了解了时代背景也很难对此有深入的思考。于是，我将自己创作的一首小诗展示给学生看——

月下观荷为消愁，塘中月色隐清幽。
美人出浴青雾里，明珠缀满碧波头。
蛙儿无调聒梦碎，莲子有情惹人羞。
亦忧亦喜心难静，入境出境觅自由。

我将文章的写作思路、主要内容、作者情感融入其中，学生们读后不仅容易理解，也对这篇经典美文又多了几分共鸣。

有了第一次成功的尝试，在讲郁达夫先生《故都的秋》时，我趁热打铁也作了一首小诗——

南疆北国秋景异，独坐皇城品秋妆。
秋槐寂寂秋虫唱，秋风瑟瑟秋雨凉。
秋实累累皆硕果，秋士攘攘数欧阳。
故都赏秋叹国运，一碗浓茶解愁肠。

讲完课文将小诗展示给学生，学生们进行了讨论，一致认为小诗既概括了故都秋景，又点明了作者情感和写作目的，而且言简意赅，读来朗朗上口。面对学生极认真的肯定和毫不吝啬的夸奖，我心飘然，我意知足！经过一番沉淀，我开始更用心地寻觅语文课堂上的"诗意"。

鲁迅先生在《记念刘和珍君》一文中，将如大海波涛般汹涌澎湃的感情透过看似矛盾的语言一丝丝挤了出来，最终在"沉默呵，沉默呵！不在沉默中爆发，就在沉默中灭亡"的怒吼声中爆发。为了让学生更深切地体会刘和珍的勇敢无畏、鲁迅先生的滔天怒火以及反动派的黑暗残忍，我一边讲课一边加入自创的诗联。

讲解先生记念刘和珍等勇士的原因时，我说——微笑和蔼刘和珍，流言诬蔑"暴徒"像。徒手请愿女学生，无端喋血府门前。

讲解执政府残酷屠杀手无寸铁的请愿民众，而一些流言家还污蔑他们是"暴徒"时，我说——民众爱国，政府屠杀，执政府不要也罢！志士牺牲，流言诬蔑，流言家意欲何为？

在鲁迅先生为惨案中牺牲的学生及其他无辜志士撰文以兹纪念时，我说——希望微茫，庸人冷漠，勇士依旧奋然前行。中国无声，民族沉默，先生能不长歌当哭！

那节课，课堂气氛仿佛被点燃，学生们也仿佛身处其境。我突然想到，语文课堂不是本应该有情感的流转与宣泄吗？不是本应该融入作者的写作目的吗？不是本应该带领学生与作者进行精神层面的交流吗？原来，这一首首小诗的诞生让我无意中打开了一扇通往语文世界的新大门。我开始尝试对不同的文体进行诗词联语的创作，使用时也不再局限于一堂课的"收束"部分。

"鸿门宴"上，刘邦战战兢兢，时刻思虑脱身之计；项羽刚愎自用，不听属下相劝，最终放虎归山。司马迁的《史记》不愧为"史家之绝唱，无韵之离骚"，其情节之曲折，人物之生动，详略之得当，文笔之流畅，让我钟情于将这篇《鸿门宴》当作小说来处理。在分析文中人物形象时，我给学生出了几个上联，要求学生用原文人物对出下联——

1. 楚项羽刚愎自用，鸿门一宴失先机。

2. 项庄舞剑，步步紧逼，意取沛公命。

3. 范增举玉玦，奉劝项王当机立断。

学生们兴趣十足，小组间讨论热烈，并且互相PK。最终，在师生通力合作之下，所得优秀下联如下——

1. 楚项羽刚愎自用，鸿门一宴失先机。

汉刘邦知人善任，约法三章得民心。

2. 项庄舞剑，步步紧逼，意取沛公命。

樊哙闯帐，声声顿喝，怒怼项王言。

3. 范增举玉玦，奉劝项王当机立断。

张良施巧计，妙助沛公死里逃生。

樊哙闯营帐，力助沛公逃出生天。

至此，文中主要人物的形象特点便跃然纸上、深入人心了。

《林黛玉进贾府》是我国古典名著《红楼梦》中的经典片段，红学家们对此做了无数的注解和诠释。但是较长的文段给学生阅读带来一定障碍，我班门弄斧的几句小诗将文章主要脉络提炼出来，方便了学生把握全文。

孤女投亲荣国府，步步留心恐惹误。
穿堂入室见亲人，掩面涕泣拜外祖。
迎探惜春悄见礼，张扬熙凤高声语。
似哭实笑精明相，嘘寒问暖伶俐举。

荣宁二府尽奢华，皇恩灼灼耀府邸。
满目辉煌皆富贵，未见母舅见舅母。
舅母殷勤却嘱咐，勿惹风流莽宝玉。
黛玉对答唯谨慎，未想一朝被君误。

心思细腻巧用膳，膳后误言喜读书。

门外闯进佳公子，屋内乐煞老祖宗。

只道妹妹似曾见，未知表字有玉无。

前世恩情今来报，莫叫泪水枉自流。

随着写小诗成为习惯，我开始和学生一起合作，共同品味诗之韵。李白的《将进酒》写得汪洋恣肆、痛快淋漓。为帮助学生尽快背诵全诗，我与学生一边诵读一边概括诗意，最终，师生合作完成了对《将进酒》情感变化主线的提炼——

时光易逝，人生短暂。（悲）

与友欢饮，自信人生。（欢）

蔑视权贵，怀才不遇。（愤）

痛饮狂歌，率真豪放。（狂）

随后，我指导学生根据情感变换诵读诗歌，并饱含激情地做了范读。学生们热情高涨，主动要求诵读展示，我则是适时点拨示范，一堂诗歌鉴赏课便在师生声情并茂的朗诵声中落下帷幕。

工作之余，需要我们“偷得浮生半日闲”，让自己“诗意地栖居”。如果能将这份“诗意”融入自己的工作，融入自己的课堂，那更不失为人生乐事。作为一个语文老师，我更喜欢称自己为语文人，做一个“诗意”的语文人，在略显枯燥的知识框架里，用诗词为埋头迎战高考的学生带来哪怕一缕清风，吹散他们心灵的疲惫，那也是我们众多语文人心中恒久的希冀了。

知人论世话情真，姹紫嫣红沁芳远

廊坊市第八高级中学　杨卫娟

从教以来，有种苦楚一直横亘心头，挥之不去，就是当你在教室里用尽全力想唤起学生们的独立思考的那些时刻里，总不意外地会看到，兴致盎然者有之；茫然不知所谓者有之，酣然入梦者有之……

后两者，往往逢考必败，又因败更生颓心，灰心丧志得像是无可救药，他们几乎充斥在每个教育阶段的校园里的每堂课上，学习对他们而言彻底演变成了一场真正的灾难。

这是学生的不幸，是教师的不幸，更是教育的不幸！

我一直相信，可以把教育教学的所有规律性都机械地运用到他身上的那种抽象的学生是不存在的。自然也不存在什么对所有学生都一律适用的在学习上取得成就的先决条件或终南捷径。

每个学生都是独一无二的个体、绝无仅有的存在，而任何一门学科的教学大纲包含了一定范围和相应水平的知识，却不包含各色鲜活的学生。大纲要求学生具备的各种各样的能力水平，不同的学生个体要想具备、达成，所走的道路该是各不相同的。

尤其现阶段的高中学习，新课程标准要求中新增了语文学科核心素养，提出了以核心素养为本的理念，语文学科核心素养是学生在积极的语言实践活动中积累与构建起来，并在真实的语言运用情境中表现出来的语言能力及其品质；是学生在语文学习中获得的语言知识与语言能力，思维方法与思维品质，情感、态度与价值观的综合体现。

在此基础上建构了学习任务群，内容十分丰富，不仅能满足学生学习、生活和日后工作对语言运用基础能力的需求，还能让学生通过自主、合作、探究等学习方式关注跨文化、跨媒介等语言文字运用新视角，提升他们的自主学习的能力和语文课程的实践能力。要让每一个学生的个性都能得到充分发展、得到全面和谐的发展，都能终身学习终身发展。

那么，作为施教者，我们必须立足于新课程标准的各项要求，明确教学内容上有文本，但是不以文本为纲，也不求完备、系统的知识，突出强调整体阅读、学会思维与表达、提升鉴赏能力；教学方式，教师是组织者，学生是主体。

这就要我们先学会站在学生的立场去思考问题：在课堂教学实践环节，学生内在发展的需求是什么，在学习生活中可能会遇到哪些困难，怎样才能保持对学习浓厚的学习兴趣，怎么掌握独立学习的方式与方法，怎样提高学习效率……

为此，我们更需要考虑怎样使教更好地为学服务，怎样尽可能地为学生提供“满足性服务”，让学习能力水平参差不齐的学生在课堂中都能动起来、都能有所收获，从而提高课堂教学效率，改善学生的学习方式、生活方式，提升生命质量。

在高二古诗歌教学单元中的《声声慢》教学中，我与学生一起进行了一些探索，也有了很多收获：

首先，在备课时我认识到，语文新课标指出的抓住语文课程对继承和弘扬文化、培养文化自信、推动文化创新发展的优势，加强学生对中华优秀传统文化、革命文化、社会主义先进文化的深入学习和思考，形成正确的世界观、人生观和价值观，从而充分发挥语文课程的育人功能，达到立德树人，增强文化自信的目标。落实在实际中往往不尽如人意，原因多数在于古诗词的内容及表达与学生之间隔着久远深奥的历史文化，隔着作者生活的时代背景以及个人的性格经历，学生读懂都很困难，理解就更是难上加难了。

有鉴于此，我在“导入”环节设置了播放流行歌曲《一剪梅》，在唱到结尾时投影出词的全部内容，这种有形有声的手段一下子吸引住了学生的注意力，也引发了学生对诗词内容的感知、对诗歌情感的体会、对诗词创作者的好奇。

接着我让学生分享自己在听歌中感受到的内容以及情感，进而知道诗词中塑造的是一个怎样的李清照。

要知道，兴趣是成功的先导。在进行教学时，教师应注意从兴趣出发，让学生在愉悦中获取知识。以多种形式激发学生的求知欲望，调动学生的学习主动性和积极性，着重培养学生的自学能力、独立思考能力、道德辨析能力和道德选择能力。从学生兴致盎然的表情里，我读出了欢愉。看来，这算是个还不错的开始。

接下来的整体感知环节，我先安排学生通过听朗读录音扫清字词障碍，跟读把握节奏，然后与学生交流听读的收获，包括朗读的语调、速度和为什么要这样读这首诗词，让学生感受语音中蕴含的情感，也完善学生对古诗词的朗读技巧和相关知识的储备。

然后我启发学生回忆自己在小学、初中阶段所接触的李清照作品，为后面的探究做好必要的铺垫。这样有利于消除学生对古诗词的畏难情绪。

这样基本完成了对诗词内容和情感的最初步的感知后，再安排学生自己朗读《声声慢》来进一步体会并理解诗歌的浅层内容及蕴含的情感，更设置了男女生个别读、齐读的环节来增加学生的参与度。

至于对诗词表现手法、深层主旨的总结归纳，会是学生掌握的难点。所以我将它们设置成了小组合作探究的活动。先提问学生之前学过的关于李清照的作品有哪些，用填表格的形式让学生完成手法、主旨的探究，并且引入竞争机制，看哪个学习小组完成得又好又快。学生以学习小组为单位，在组内进行充分的资源共享、讨论交流，课堂上一下子像沸水开锅一样热闹起来，每个学生在这个过程中都在努力做自己力所能及的事情，有负责查资料的，有负责整理归纳的，有积极准备代表小组发言的，还有偷偷到别的小组打探情报的……

我穿梭其间，时不时统计一下进度，催一催速度，从旁适时进行一些补充、点拨、修正，看着学生们时而认真地在书本上圈点勾画，时而凑在一处讨论疑难，时而在得出结论时会心一笑甚至击掌相庆……感觉他们学得很投入、收获得很快乐，当然，我不用直着脖子、口焦舌燥地说一节课，更不用经常讲着讲着就得停下来提醒不专心听讲的，叫醒已经倒趴在桌上睡觉的，也教得很惬意轻松。

一个一个的知识点被学生们从书本上圈出来，从记忆里搜寻到，从身边同学的交流中跳出来，然后迅速被填进表格里，变成跟其他小组竞争时争取胜利的资本，李清照的生活背景、人生经历、性格情感逐渐完整、清晰起来，就在这样的一节课的听、读、悟、说中探索出了为什么李清照的作品会在前后期风格迥异，也明白了自己这一节课都是围绕着“知人论世”的鉴赏方法进行的理解感悟，将这次体验由实践活动上升为了理论认识。

最后，我引导学生将学习扩展到课外，把感知思考的触角伸得再远一点，在通过小组合作探究的方式找出李清照不同时期不同风格的作品进行比较研究，加深对李清照词风的认识后，让学生用形象化的语言描述自己所经历的一段愁或喜，进行了一下情感价值观的渗透，也让学生亲身体验到了学以致用的妙处。

课后我又印发了李清照更为详尽的生平经历，以及一些名家发表的对李清照的点评文章，还有考场作文里关于李清照的精彩描述文段，供学生们阅读鉴赏，继续延伸、拓展他们的知识维度。当然，我也没忘记配合“知人论世”的鉴赏方法，找了历年高考诗歌鉴赏题来让他们加深印象，巩固高考的答题技法。

学生们在自己熟悉的作品里挖掘到了新宝藏，又在新知识面前打了漂亮的胜仗，学习古诗词的兴趣被充分调动了起来，学习热情空前高涨，古诗词再也不是让学生头疼的“老大难”，而是摇身一变，成了他们口中心里常聊常念的“心头好”了。

在组织学生进行这节课学习的过程中，作为施教者，我有了更为深刻的思考与收获。学习的主体是学生，教师的作用是教会学生学习，这绝不是简单的老师讲学生听，而是一个更为复杂的组织与引导的过程。

先要充分了解学生在诗歌学习兴趣、能力水平上的不同，并将学习目标的完成在设置问题的环节上分为简单、一般、较难等几个梯度，在课堂教学实施环节中遵循“因人施教”“因材施教”的原则，设疑后，有选择地让学生先回答力所能及的问题，以增强其学习信心，然后适当地拔高，鼓励学生尝试解决与其已具备的能力水平差距不大的问题以提高其学习能力。就是说，让能读的学生在投入的朗读中学会感知、思考，让感知、思考能力强的学生充分地思考并尝试总结归纳，让擅长总结归纳的学生全面地加深对知识的扩展、链接。通过这样的学习实践，争取让每一位同学在课堂学习中都能巩固、强化已有的知识与能力，同时，还能通过学习实践扩充新知识的储备，增强解决实际学习问题的能力，并能在诗歌这种优美的文学载体中获得古典文学的熏陶，感知美，认识美，欣赏美，将之植根于内心，茁壮成长。

简言之，也就是说，在一节课上，教师要事先周密地考虑每一个学生在上课时将做什么，从学习内容及所需时间上采取个别对待的态度，针对不同学生的不同能力水平有梯度地设计练习。

这同样适用于很让学生头疼的文言文学习。针对学生不同层次梯度的能力水平进行分组，以"句读→点拨→串译→归纳→质检"的从易到难的梯度将学习任务分摊到各个小组的不同学生身上，这样所有的学生都在做自己能力水平之内的事，教师随机指导，并适时予以带有鼓励性的中肯评价，让学生从评价中看见自己的劳动和努力的成果，学习就会给他带来精神上的满足和发现的欢乐。

在这种情况下，所有的学生都在前进——有的人快一点，有的人慢一点。学生和教师的相互关心与相互信任会结合在一起，形成师生间相互体谅的气氛，在这种气氛中，学生的智力受到鼓舞，他们的精力都被纳入正当的轨道，那些由于无事可做、做事难成的学生也就不会像在"灾难"中煎熬一样坐不安稳而小动作频频，甚至梦会周公了。

由此看来，教育教学的艺术和技巧也就在于使每一个学习主体的力量和可能性发挥出来，使他享受到学习劳动中的动起来的乐趣，真切体验到取得成功时的个人的、人格上的欢乐，那么，教师也就不必在课前紧张可能发生的、不愉快的事，更不会在课堂上重温自编自导唱"独角戏"时"众人昏昏我独醒"的辛劳与苦楚了。

总之，教学中灵活多样地、有梯度地提出和解决问题的方式，不仅使学生加深了对课文的理解，而且还会帮助学生自主地发现语文学习中的一些规律；不仅潜移默化地培养了学生动脑、动手、动口的语文素养，而且激发了他们的创新意识和潜能，因而智慧的火花时常在民主、愉悦的氛围中闪烁。

诚能如此，昔日让学生头疼的课堂变成充满学习乐趣与收获的天堂，实是学生之幸、教师之幸，更是教育之幸！

后　　记

历经半年多的组稿,《语文叙事》书稿终于校对完成了。

从最初的构思，到现在成稿，已经过去了半年多，半年来，姚秋艳工作室的各位同人，叙写着自己的语文教学故事，也充分发挥着作为名师的辐射和引领作用，带领着身边的语文老师，一起讲述他们的语文课堂中发生的故事，于是一篇篇带着温度的、带着课堂气息的原创叙事，传到了我的邮箱来。

编之,校之,我被一篇篇的语文故事感动着,感染着,这一篇篇关于语文的叙事，除了语文课堂价值外，我还读到了其中的文学意味。一篇篇的叙事，就是一篇篇文学底蕴深厚的叙事散文，只有怀着对语文教学挚爱的情怀，才能写就这样形象而富有质感的文字。

我经常想，出版这样的一部著作，算是为语文课堂的一次全景式地拍照吧，生动应该成为这部书的本色，淡化了理论的框架，远去了抽象的说教，只留下形象的课堂，在形象的课堂和文学的氛围里，给读者展示高中语文课堂最本真的一面，如果能够如此，足矣!

感谢姚秋艳老师将这个任务交给我，给了我这样一个锻炼的机会，但愿我不辱使命。感谢艳秋艳工作室的卢锡泽、王俊平、王立鋆、孙美英、郑凤华老师，是你们撰写了文质兼美的语文叙事，同时还带动了一批老师撰写。感谢燕山大学出版社，给了这部书面世的机会。

此时我心里只剩下了期待，像期待一个快出生的婴儿一样，期待着这部书的出版。

张春岭

2019 年 4 月 12 日